Joachim Gradwohl, Udo Kaubek · Das große Julius Meinl Kochbuch

DAS GROSSE

Julius Meinl Kochbuch

Joachim Gradwohl · Udo Kaubek

Fotografien von Herbert Lehmann

CHRISTIAN BRANDSTÄTTER VERLAG

Inhalt

Fleisch

Desserts

Aufstriche und Salate

JULIUS MEINL
JULIUS MEINL KAFFEE-IMPORT
Freudenfeld
DIRECTER KAFFEE-IMPORT
DIRECTER THEE-IMPORT
CACAO-UND
CHOCOLADEN-
FEIGEN-UND
MALZ-KAFFEE-FABRIK.
JULIUS MEINL KAFFEE-RÖSTEREI
JULIUS MEINL
JULIUS MEINL KAFFEE-IMPORT
JULIUS MEINL
JULIUS MEINL KAFFEE-IMPORT
JULIUS MEINL KAFFEE-THEE-CACAO
JULIUS MEINL

Streben nach dem kulinarischen Glück

Julius Meinl I.

Das letzte Meinl-Kochbuch erschien vor etwa achtzig Jahren. Es enthielt umfangreiche Beiträge zu Themen, die uns heute nicht mehr brisant erscheinen. Korrekte Vorratshaltung, die Zubereitung von „Dunstspeisen", das manierliche Decken des Tisches oder die kluge Resteverwertung. Bücher sind Spiegel ihrer Zeit. Der vorliegende Band hat daher andere Schwerpunkte als das Meinl-Kochbuch aus den Dreißigerjahren des letzten Jahrhunderts, doch damals wie heute spiegeln sich im Meinl-Kochbuch die Möglichkeiten der Zeit und darüber hinaus die Welt von Julius Meinl, die vor allem eine kulinarisch anspruchsvolle ist. Und dies ganz umfassend. Julius Meinl steht für ausgesuchte Spezialitäten und luxuriöse Köstlichkeiten ebenso wie für die beste Qualität alltäglicher Nahrungsmittel. In diesem Sinn spannt der vorliegende Band einen Bogen von ganz einfachen Köstlichkeiten zu raffiniertesten Kompositionen. Darüber hinaus ist er auf langwährende Gültigkeit ausgerichtet. Modern, doch nicht modisch, weltoffen, aber nicht Weltküche, vielmehr europäisch, mitteleuropäisch, zu einem guten Teil ganz typisch österreichisch. Auch mit diesem Bekenntnis zu Herkunft und Wurzeln spiegelt es einen Wert aus der Welt von Meinl wider. Eine Welt, die seit mehr als 140 Jahren existiert, die sich immer wieder erneuert hat, aber bis heute für einen Lebensstil steht, in dem das Streben nach dem kulinarischen Glück eine bedeutende Rolle spielt.

Julius Meinl II. Er baute das Unternehmen zu einem Konzern aus, dessen Tätigkeit sich von Polen bis zum Balkan, von Rumänien bis Vorarlberg erstreckte.

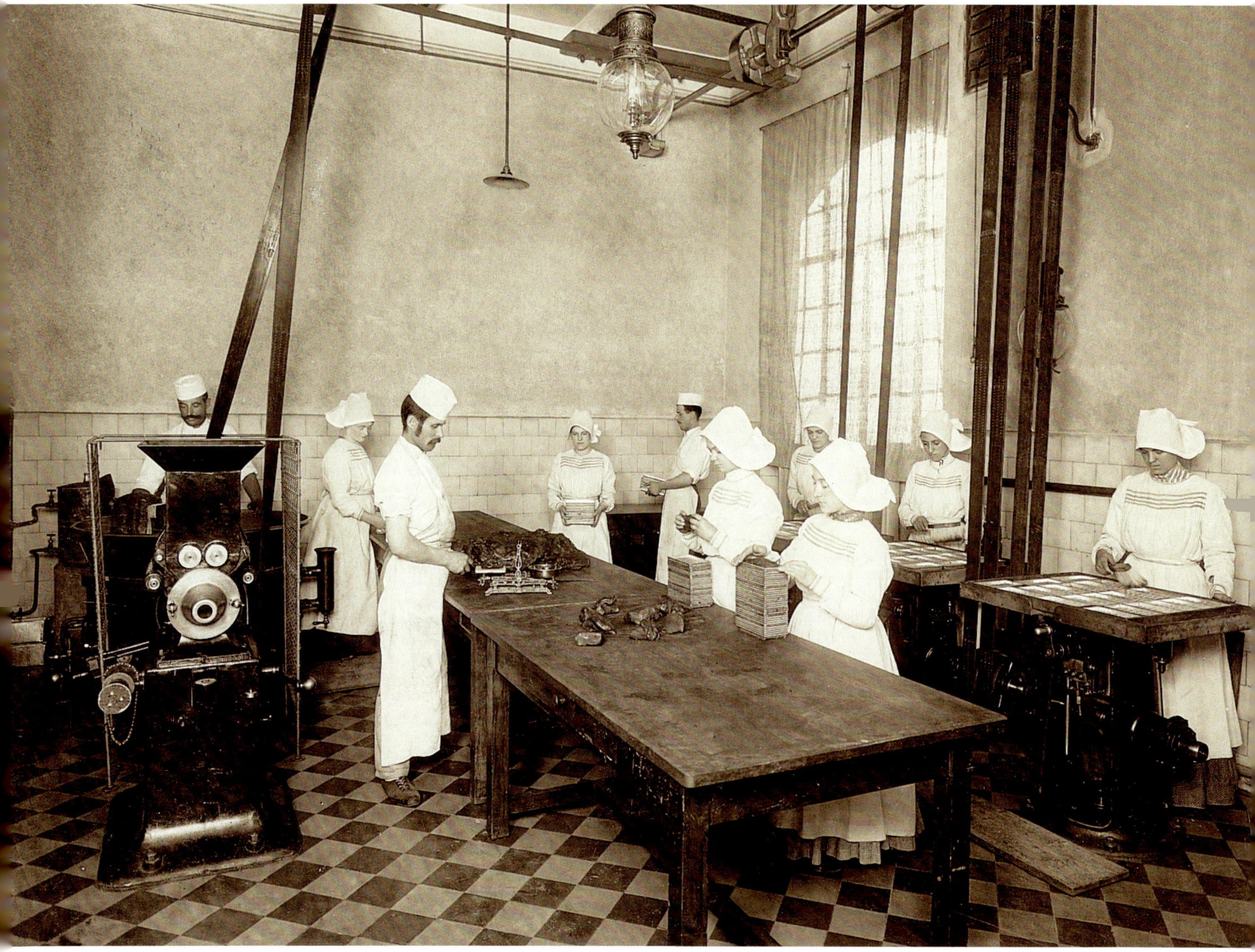

Nicht nur im Import, sondern auch bei der Veredelung von Genussmitteln entwickelte Meinl größte Ambitionen. Im Bild ein Blick in die 1905 in der Wiener Heigerleinstraße eingerichtete Schokoladefabrik.

Die großen Entdeckungen waren gemacht, die neuen Welten unter den Kolonialmächten aufgeteilt, die Industrialisierung schritt voran – das 19. Jahrhundert entwickelte sich dynamisch wie kein anderes zuvor. London, Paris und Wien waren die großen Metropolen, die ersten beiden mit besonderer Wirtschaftspotenz, doch Wien verstand sich als Weltzentrum der Kultur.

Die kaiserlich-königliche Residenzstadt erlebte in der zweiten Hälfte des 19. Jahrhunderts besonders bewegte Zeiten. Die Stadtmauer wurde geschliffen, die Basteien demoliert, die Stadt zwei Mal erweitert, die Ringstraße mit den Prachtbauten errichtet, aus allen Richtungen des Vielvölkerstaates strömten die Menschen nach Wien. Die Einwohnerzahl verdoppelte sich mehrfach innerhalb von wenigen Jahrzehnten und erreichte bis 1910 zwei Millionen.

Um 1849 kam aus Nordböhmen ein junger Mann namens Julius Meinl nach Wien. In einem Prager Indigo-, Farbwaren- und Comissionsgeschäft war er „brauchbar ausgebildet“ worden zum „Handlungs-Commis“. Julius Meinl eröffnete beim Lugeck ein Geschäft und spezialisierte sich auf „Kolonialwaren“, also Tee, Kaffee, Kakao, Zucker, Reis und dergleichen exotische Importe. Man weiß, dass Julius Meinl seine Kunden mit ausgesuchter Höflichkeit bediente. Man weiß auch, dass er seine Waren mit gro-

ßer Umsicht pflegte. Man kann als sicher annehmen, dass dies allein keine ausreichende Triebkraft für das baldige Entstehen der großen Marke Meinl und der Begründung einer Händlerdynastie gewesen wäre. Dazu bedurfte es der Innovation.

Das 19. Jahrhundert war auch die große Epoche der Erfindungen. Abertausende Patente wurden für mechanische Errungenschaften ausgestellt, die das Rad der Wirtschaft noch schneller treiben und den Menschen das Leben leichter, freudvoller, schöner machen sollten. Julius Meinl tüftelte an einer Maschine für das Rösten von Kaffeebohnen herum, überzeugt davon, dass gerade das seinen Kunden großen Nutzen und kulinarische Freude, ihm aber gute Geschäfte bescheren würde. Das Rösten der grünen Bohnen war zu dieser Zeit noch Haushaltssache. In einer Metallbüchse oder Pfanne wurden die Bohnen über offenem Feuer geröstet, was ganz überwiegend sehr fragwürdige Ergebnisse zeitigte. Julius Meinl erkannte, dass exakte Temperaturführung und dosierte Sauerstoffzufuhr von zentraler Bedeutung für das Aufschließen der Kaffeearomen war. Bis zur Umsetzung der Erkenntnisse und Ideen sollte es noch ein paar Jahre dauern.

Die Zeit des Aufbruchs und der Erneuerungen war auch eine Zeit der Spekulationen, der waghalsigen Wirtschafts-

Fleischmarkt 7 – an dieser Adresse kam das große Geschäft mit frisch gerösteten, gebrauchsfertigen Kaffeebohnen in Gang. Der dritte Standort der Kolonialwarenhandlung von Julius Meinl I. war die wahre Keimzelle des späteren Konzerns.

Innenansicht der Meinl-Filiale Ecke Kärntner Straße und Kärntner Ring. Ein Ort höchster Genusskultur schräg vis-à-vis einer weltbekannten Hochkultur-Institution, der Wiener Oper.

konstrukte und der sozialen Spannungen. In unpassender Koinzidenz zur großartig inszenierten Wiener Weltausstellung und mitten hinein in die Gründerzeit machte sich eine Wirtschaftskrise breit, was eine Vielzahl von Unternehmungen in Misslichkeiten brachte. Auch die des Julius Meinl. Das Geschäft am Lugeck musste er schließen. Es folgte ein ambitionierter Neustart in einem kleineren, billigeren Lokal und eine noch akribischere Arbeit an der Kaffeeröstmaschine. Julius Meinl, der als „der erste" von bisher fünf in die österreichische Wirtschaftsgeschichte eingehen sollte, ließ einen Apparat mit großer Trommel bauen, mit dem er das allmähliche Erhitzen, schonende Rösten und sogar Abkühlen der Bohnen gut steuern konnte. 1877 erwarb er die Berechtigung zur Ausübung eines Kaffeeröstergewerbes und konnte fortan gebrauchsfertige Kaffeebohnen anbieten. Ein sensationelles Convenience-Produkt für diese Zeit, denn die Rösterei am eigenen Herd war nicht nur umständlich, sondern auch von Brandgeruch begleitet. Zudem ergaben Meinls frisch geröstete Bohnen Kaffee von unerhörter Köstlichkeit. In Wien, der Kultur- und Genusskulturstadt, erkannte man den Wert der fachgerecht und meisterlich gerösteten Bohnen sofort. Schon 1879 bezog Julius Meinl ein wieder größeres Geschäft am belebten Fleischmarkt. Der Rest ist eine langwährende Erfolgsgeschichte.

Über fünf Generationen und 120 Jahre bauten Meinls ein über weite Teile Europas reichendes Filialnetz auf. In Polen, Rumänien, Ungarn, Jugoslawien, der Tschechoslowakei war Meinl präsent, in Deutschland, Italien und am stärksten natürlich in Österreich. Meinl wurde zum Synonym für Qualitätskaffee nach Wiener Art. Meinl stand aber bald ganz allgemein für Genusskultur. Neben Kaffee importierte das Handelshaus auch Tee, Schokolade und Kakao von höchster Qualität. Olivenöl wurde aus Nizza eingeführt. Wein aus allen großen Herkunftsländern von Frankreich über Spanien bis Italien, Deutschland und Ungarn selektierte Meinl für sein Delikatessenangebot. Bis dahin unbekannte Spezialitäten wie der nahrhafte Maltin-Kakao wurden von Meinl entwickelt. Große Marken wie Obi-Fruchtsaft wurden von Meinl etabliert. In Meinl-Fabriken wurden Kekse gebacken und Marmeladen gekocht, in eigenen Kellern französischer Weinbrand gereift, in einer eigenen „Colonialen Likörfabrik" hochgeistige Getränke angesetzt. Anfang des letzten Jahrhunderts hatte Meinl bis zu 600 Bauern unter Vertrag und betrieb selbst eine umfangreiche Landwirtschaft einschließlich Fischzucht.

Zeitweilig war Meinl auch gastronomisch tätig. In Prag besaß man das höchst angesehene Restaurant Joseph Lippert, das auf dem Niveau von Austern, Lachs und Kaviar betrieben wurde. Das am Wiener Stephansplatz domizilierte Weinrestaurant

Meinl prägte mit seinen kunstvollen Verpackungen und Plakaten auch das Bild der Stadt. Das Foto aus 1931 zeigt den Maler und Illustrator Otto Exinger bei einer öffentlich aufgeführten Plakatgestaltung.

Eine Berliner Meinl-Filiale aus den Zwanzigerjahren. Das Unternehmen war auch in Ungarn, der Tschechoslowakei, Rumänien, Bulgarien, Polen, Serbien, Kroatien und Italien präsent.

Churhauskeller – mit vorzüglichem französischem Küchenchef! – war Teil des Meinl-Konzerns. Und am Kärntnertor wurde volksnah eine Imbissstube unterhalten.

Tempora mutantur – aus Kolonialwarenhandlungen wurden Delikatessengeschäfte, aus Delikatessengeschäften wurden Selbstbedienungsläden, daraus Supermärkte. Die Wertschätzung für edle Genussmittel, die Kenntnisse über kulinarische Spezialitäten verloren sich in einem Zeitgeist, in dem das Uniforme zum kleinen Preis beliebter war als das fachkundig Auserwählte. Ende des vorigen Jahrhunderts gingen die Läden des bis zuletzt der Qualität verschriebenen Meinl-Konzerns in anderen Supermarktketten auf. Bestehen blieb die Marke Meinl für Kaffee und andere Genussmittel. Es blieb auch und vor allem der „Meinl am Graben" – das attraktivste und weitläufigste Delikatessenhaus des Landes, ein Dorado für Genießer.

Der Graben ist Wiens Prachtboulevard. In repräsentativer Breite angelegt, gesäumt von Palais und architektonischen Sehenswürdigkeiten, angenehm verziert von Brunnen und demutsvoll ausgestattet mit der Pestsäule zu Ehren der allerheiligsten Dreifaltigkeit führt er vom Platz am Stephansdom zum Kohlmarkt, der wieder die Verbindung zur Hofburg, der Stadtresidenz der Habsburger, herstellt. Als Schlussstück dieses stimmungsvollen Straßenzuges überblickt das Haus Graben 19 würdig und doch leicht in seiner Anmutung eine Schaubühne der gepfleg-

ten Wiener Lebensart. Von hier aus lässt sich eine Melange aus Tradition und Moderne, aus Umtriebigkeit und Zeitvergessenheit, aus dem Ineinander von typisch wienerischem Stadtleben und touristischer Erkundung beobachten, die den Reiz dieser Stadt heute mitbestimmt. Sie lässt sich bei Champagner, edlem Wein und erlesenen Gourmandisen beobachten, denn im Haus Graben 19 ist mit dem „Meinl am Graben" nicht nur das umfänglichste Delikatessenangebot des Landes arrangiert, sondern auch eines der vorzüglichsten Restaurants von Wien und Österreich eingerichtet. Seine Fenster sind auf den Graben, auf das Herz der Stadt hin ausgerichtet.

Zwischen Regalen mit Köstlichkeiten verschiedenster Herkunft und kulinarischer Widmung, vorbei an attraktiv aufgeschichteten Türmen und Pyramiden verschiedenster Delikatessen geht es durch das Meinl-Kaufhaus zu einer breiten Treppe, hinauf in die Belle Etage. Kulinarische Preziosen wie uralte Brände und tagesfrische Truffes sind am Rand dieses Weges ausgestellt und arrangiert, Raritäten wie feinste Tees und ausgefallenste Gewürze werden angeboten, sogar Memorabilia einer vermeintlich längst verflossenen Naschkultur wie kandierte Veilchen oder Seidenzuckerl wären am Wegesrand zu pflücken. Mit dem Obergeschoß erreicht man die inneren Gefilde von Schlaraffia. Animierend duftet es nach frisch gebackenem Brot, würzig nach bestens gereiftem Käse und verführerisch süß nach den Kunstwerken

ERSTE

der Feinbäcker und Konditoren. Ein wenig verborgen in diesem Garten Eden der Feinschmeckergelüste befindet sich der Zugang zum Restaurant, das punkto Flair und Klasse jedem Vergleich mit anderen in Kaufhäusern eingerichteten Restaurants enthoben ist.

Geprägt von dunklem Holz und Polstermöbeln bietet sich dem Gast ein Ambiente mit Clubatmosphäre dar. Durch die Fenster schweift der Blick auf die beschriebenen Stadtansichten. Wer dem Graben jedoch den Rücken zuwendet, ist mit dem kaum weniger reizvollen Leben an und hinter der Bar konfrontiert. Champagner ruht in silbernen Gefäßen, eine Ehrenbrigade der besten Weine Österreichs ist hier versammelt. An prominenter Stelle wurde das Modell eines historischen Segelschiffs aufgestellt. Den Englischen Löwen trägt es als Referenz an die größte Handelsmacht vieler Jahrhunderte im Segel, und 38 Kanonenrohre lugen aus dem Rumpf, weil die Handelsschifferei in jenen frühen Zeiten der Kolonialwarenimporte auch kriegerischen Charakter hatte. Der Windjammer mit geblähten Segeln ist neben dem Mohrenkopf ein Markenzeichen von Julius Meinl und Hinweis darauf, dass Genusskultur als weltumspannendes Thema verstanden wird.

Hinter einer Tür von großer Unauffälligkeit verbirgt sich die Küche des Meinl am Graben, in der Chef de Cuisine Joachim Gradwohl sein Werk verrichtet. Gemessen an der großen Aufgabe, von morgens bis in die Nacht eine anspruchsvolle Klientel zu bekochen, herrscht er über ein erstaunlich kleines Reich. Kaum mehr als ein halbes Dutzend ausgewählter Küchenkünstler werkt hier auf engem Raum, was aber ganz dem Stil des Küchenchefs

täglich frisch gebrannt

Meinl Kaffee

entspricht. Reduktion lautet sein Credo, Beschränkung auf das Wesentliche. In der Beschränkung aber kompromisslos in der Qualität.

Wie in jeder wahrhaft großen Küche basiert auch bei Meinl am Graben die Qualität auf der Güte aller Zutaten. Ausnahmslos gilt diese Regel, und deshalb richtet sich das kritische Augenmerk des Küchenchefs und seiner Brigade auch auf alltägliche Zutaten wie Mehl, Salz und Butter. Auch diese müssen in Frische und Aroma den höchsten Ansprüchen genügen, was bei Meinl leichter gewährleistet werden kann als anderswo. Inmitten eines fast unvergleichlich großen Sortiments, eingebunden in ein Netzwerk an Delikatessen-Beschaffungsspezialisten und verbunden mit einer Vielzahl an Lieferanten, die der schieren Qualität ihrer Erzeugnisse alles andere unterordnen, kann der Meinl-Küchenchef beim scheinbar Alltäglichen nach dem besonders Guten greifen und beim Erlesenen nach dem Besten seiner Art. In der Meinl-Fleischabteilung ruhen Spezialitäten wie Highlandbeef, Charolais, Kobe-Wagyu-Beef, Culatello aus Italien oder Pata Negra aus Spanien gefällig nebeneinander. Bei den Fischen ergänzen alpine Köstlichkeiten wie Wildsaiblinge aus der Region um Mariazell und Felchen aus dem Bodensee ein geradezu ausuferndes Angebot an edlen Meeresfischen, Krusten- und Schalentieren. 300 verschiedene Obstsorten und eine nicht geringere Gemüsevielfalt bietet die grüne Abteilung des Hauses. Über 500 Sorten Käse aus mindestens zwölf Ländern führen die Meinl-Käsespezialisten zur perfekten Reife. Das Brotsortiment ist sehr wahrscheinlich das vielfältigste des

Landes. Und wenn es dem Küchenchef gefallen sollte, das Aroma rarer Plantagenkaffees oder kostbarsten Tees für seine Kreationen zu nutzen, so sind selbstverständlich und der Tradition gehorchend auch diese unter den 16.000 Artikeln des Meinl-Angebots zu finden.

In diesem Meinl-Kochbuch spiegelt sich eine kulinarische Lebensart, die zum Luxuriösen steht, in der Luxus aber nicht als Wert an sich verstanden wird. Kaviar, Trüffel, Hummer und Gänseleber sind Glanzlichter auf der Bühne der großen Küche, aber weder unverzichtbar noch unersetzbar. Zwischen dem teuren Kalbsfilet und dem günstigen Schweinsbauch, den küchentechnisch sperrigen Artischocken und dem duldsamen Kohl besteht für Joachim Gradwohl kein gradueller Unterschied. Es möge nur alles nach bester und in zeitgemäßer Art zubereitet werden. Wie das nach Art des Meinl-Küchenchefs geschehen kann, wird auf den nächsten Seiten appetitlich dargestellt.

Werner Meisinger

PLU
4022

FELINO

Appenzeller
€ 2,49
€ 2,19
TETE DE MOINE

€ 11,90
Mariazeller
Bachforelle

Im Notfall
Scheibe ein-
schlagen
KAERNTEN KAVIAR
CAVIAR
BELUGA CAVIAR
IRAN CAVIAR

WIEN

Rambutan

Paprika

Vorspeisen

Beef Tatar mit Wachtelei

Rindsfilet (auch Lungenbraten genannt) Dabei handelt es sich um jenen Muskelstrang, der sich entlang der Wirbelsäule im Lendenbereich zieht. Dieser Teil des Rindes ist besonders mager, zart und saftig. Da das gesamte Filet unterschiedlich dick ist, werden aus dem dünneren Anfangsstück, der Filetspitze, Filet Mignons geschnitten, aus dem Mittelteil die Tournedos und aus dem breiten Endstück die Filetsteaks, wie etwa das Chateaubriand.

Zutaten für 6 Portionen

400 g Rindsfilet
1 Zwiebel (50 g)
40 g Essiggurkerl
10 g Kapernbeeren
100 g Ketchup
2 TL englischer Senf
1 TL Worcestershiresauce
½ TL Sardellenpaste
4 EL Olivenöl
Salz
scharfes Paprikapulver

Für die Garnitur

3–6 Wachteleier
1–2 Handvoll Blattsalat und Kräuter
Zitronensaft
Olivenöl
Salz
Pfeffer
Kapernbeeren

Filet zuputzen (Häute und Fettansätze abziehen bzw. wegschneiden) und mit einem Messer fein hacken. Zwiebel schälen. Zwiebel, Gurkerl und Kapern (ohne Stängel) in möglichst kleine Würfel schneiden oder hacken. Zwiebel, Gurkerl, Kapern, Ketchup, Senf, Worcestershiresauce, Sardellenpaste und Olivenöl verrühren und mit Salz und Paprika lebhaft abschmecken.

Gehacktes Fleisch mit der Würzmischung abschmecken.

Wachteleier ca. 3 Minuten kochen, mit eiskaltem Wasser abschrecken und schälen. Salat und Kräuter putzen, waschen und gut trockenschleudern. Aus Zitronensaft und Öl im Verhältnis 1:2 eine Marinade rühren und mit Salz und Pfeffer würzen.

Beef Tatar formschön auf die Teller geben: Am besten einen Ring mit ca. 7 cm Durchmesser auf einen Teller setzen, Tatar leicht hineindrücken und den Ring abziehen. Tatar mit halbierten Wachteleiern, Kapern und eventuell auch mit feinst geschnittenem Zwiebel belegen. Salat durch die Marinade ziehen und als Garnitur auf die Teller geben. Dazu passt Toast.

Gebratene Gänseleber auf geräuchertem Aal mit Apfelchutney

Zutaten für 6 Portionen

200 g geräucherter Aal
300 g Gänsestopfleber
Steinsalz
Pfeffer
Pflanzenöl
ca. 60 ml Kalbsjus (im gut sortierten Lebensmittelhandel erhältlich)

Apfelchutney

ca. 1,3 kg säuerliche Äpfel*
5 mittelgroße Schalotten
500 ml Weißweinessig
500 g Feinkristallzucker
500 g Gelierzucker

** Das Gewicht der restlichen Zutaten bezieht sich auf 1 kg geschälte und entkernte Äpfel.*

Zuerst das Chutney zubereiten: Äpfel schälen, entkernen und in Scheiben schneiden. Schalotten schälen und fein hacken. Äpfel und Schalotten mit Essig vermischen und einen Tag ziehen lassen. Äpfel und Schalotten abseihen und mit Kristall- und Gelierzucker im unbedeckten Topf dünsten, bis die Äpfel ganz weich sind und die Flüssigkeit weitgehend verdampft ist.

Vom Aal die Haut abziehen. Aal in ca. 5 cm lange Stücke schneiden und tiefkühlen.

Gänsestopfleber putzen: Alle Häute, großen Blutgefäße und Gallenrückstände abziehen, wegschneiden oder ausschaben. Bei dieser Arbeit sollte die Gänseleber gekühlt sein. Man hält sie am besten in einem Tuch, da sie durch die Einwirkung von Handwärme Fett verlieren kann. Gänseleber in Scheiben von ca. 1 cm Stärke schneiden.

Aal in möglichst dünne Scheiben schneiden (am besten mit einer elektrischen Aufschnittmaschine) und leicht überlappend auf Teller legen.

Gänseleber salzen, pfeffern und in einer beschichteten Pfanne mit ganz wenig Öl bei mäßiger Hitze auf beiden Seiten leicht farbgebend braten; das dauert nur 10 bis 30 Sekunden pro Seite; die Gänseleber soll innen recht saftig bleiben, aber doch durchgewärmt werden. Gänseleber aus der Pfanne heben. Jus erhitzen, Gänseleber darin wenden und auf die Teller geben.

Gänseleber und Aal mit Chutney garnieren, ein wenig Jus zur Gänseleber gießen. Als Beilage passt Toast oder Brioche.

Steinsalz Für gute Küche ist die Qualität jeder einzelnen Zutat entscheidend. Auch die des Salzes. Steinsalz ist ein völlig natürliches Salz, das unter Tag abgebaut und nicht, wie das Kochsalz, mit Wasser ausgeschwemmt wird. Im Gegensatz zum Kochsalz wird es auch nicht chemisch behandelt. Der schmeckbare Unterschied: Steinsalz enthält Mineralien und Spurenelemente, die dem Kochsalz fehlen.

Thunfisch in der Pfefferkruste mit Gurke und Melone

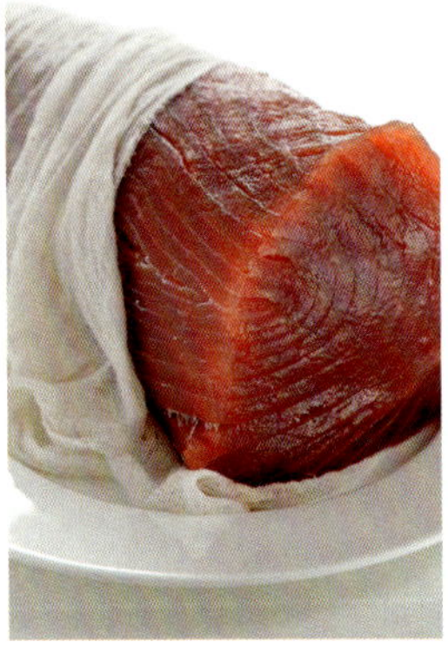

Thunfisch Premium-Thunfisch wird als „Sushiqualität" angeboten. Nach der sollte man auch greifen, wenn das Filet nicht völlig roh serviert, sondern wie in diesem Rezept rundum angebraten werden soll. Gleichmäßig dunkelrot oder rötlich braun sollte das Filet sein, aber nicht leuchtend rot. Das nämlich ist ein Alarmsignal und deutet darauf hin, dass das Filet mit Kohlenmonoxid behandelt wurde, um durch eine lebhafte Farbe Frische vorzutäuschen.

Zutaten für 6 Portionen

400 g Thunfischfilet
Sojasauce
1 EL Pfeffermischung*
Olivenöl

Gurken und Melonen

200 g Wassermelone
1 Salatgurke
1 mittelgroße rote Zwiebel
100 g Sojasprossen
Olivenöl
Saft einer Limette
Ingwer (1 Stück von 1 cm Länge)
1 TL Sesamöl

Garnitur

Kräuter und Blattsalat wie Basilikum, Koriander, Frisée und Rucola

** Zum Beispiel aus schwarzem Pfeffer, Javapfeffer und Kubebenpfeffer*

Melone und Gurke schälen und entkernen. Zwiebel schälen. Melone, Gurke und Zwiebel in etwa gleich große Würfel schneiden. Sojasprossen verlesen, kalt waschen und gut abtropfen lassen. Sojasprossen in einer Pfanne mit wenig Olivenöl kurz braten. Melonen, Gurken- und Zwiebelstücke mit den Sprossen vermischen. Alles mit Limettensaft sowie ca. 1 TL frisch geriebenem Ingwer und Sesamöl marinieren.

Thunfischfilet mit Sojasauce einreiben, in der Pfeffermischung wenden und in einer Pfanne mit wenig Olivenöl rundum, aber nicht an den Schnittflächen scharf anbraten; dabei soll nur die äußerste Schicht des Filets gegart werden und der Kern roh bleiben.

Thunfisch in Scheiben schneiden und auf der Gurken-Melonen-Mischung anrichten. Mit Salat, Kräutern und eventuell Blüten garnieren.

Flusskrebse auf Kräutergelee mit karamellisierter Pomelo

Zutaten für 6 Portionen

250 ml trockener Weißwein
Salz
1 kg Flusskrebse (lebend)*

Kräutergelee
2 Blatt Gelatine
Kräuter wie Petersilie, Estragon und Kerbel
250 ml Hühnersuppe
Salz
Pfeffer

Pomelo und Tomate
1 Pomelo
1 EL Feinkristallzucker
1 vollreife Tomate
Olivenöl

** Kann man auch vorgekocht kaufen. In diesem Fall die Krebsschwänze und -scheren kurz vor dem Anrichten in der heißen Pomelosauce schwenken.*

Für das Gelee Gelatine in eiskaltem Wasser einweichen. Blättchen der Kräuter abzupfen (man benötigt eine kleine Handvoll) und mit einem kleinen Teil der Hühnersuppe pürieren. Restliche Suppe erwärmen, Gelatine ausdrücken und darin auflösen. Kräuter einrühren, alles mit Salz und Pfeffer abschmecken und auf eine passende Platte oder ein kleines Blech mit Rand gießen, sodass die Flüssigkeit darin ca. 2 mm hoch steht. Geleeansatz kühlen.

Pomelo schälen, so dass auch die weiße Innenhaut vom Fruchtfleisch entfernt wird. Pomelospalten zwischen den Trennhäuten herausschneiden (ergibt Filets). Pomelofilets in mundgerechte Stücke schneiden. Rest ausdrücken, Saft auffangen.

Zucker mit ein wenig Wasser in einen Topf geben und bis zur leichten Braunfärbung des Zuckers erhitzen. Pomelostücke und den aufgefangenen Saft zugeben und Karamell damit auflösen.

Tomate in ca. 4 mm dicke Scheiben schneiden und in einer Pfanne mit ein wenig Olivenöl beidseitig braten.

Für die Krebse 2 l Wasser mit dem Wein und 1 EL Salz lebhaft sprudeln aufkochen. Krebse in das kochende Wasser geben, Topf sofort zudecken und die Krebse ca. 3 Minuten kochen. Krebse kalt abschrecken. Krebsschwänze und Scheren aus den Krusten lösen. Krebsschwänze eventuell an der Oberseite einschneiden und die Därme entfernen.

Kräutergelee rund ausstechen, auf Teller geben und mit Tomatenscheiben belegen. Pomelostücke und Krebsfleisch dazu geben. Besonders elegant wird das Gericht, wenn man es mit Krustentiersauce vollendet. Dafür Krustentiersuppe wie auf Seite 58 beschrieben mit Butter binden oder die Krusten der Krebse mit Wurzelgemüse in Butter anrösten, mit Cognac ablöschen, mit einem Schuss Weißwein und Wasser aufgießen und die Krusten ca. 20 Minuten köcheln. Fond abseihen und durch Einrühren von kalter Butter binden. Mit Salz und Cayennepfeffer abschmecken, vor dem Anrichten schaumig aufmixen.

Pomelo Die ursprüngliche Pomelo oder Pampelmuse war größer als jene Form, die heute im Handel erhältlich ist. Dies beruht darauf, dass heute Kreuzungen von wild wachsenden Pomelos mit Grapefruits gehandelt werden. Das Fruchtfleisch schmeckt säuerlich und ist erfrischend.

Gebeiztes Rindsfilet mit Artischocken

Zutaten für 6 Portionen

300 g Rindsfilet
1 EL schwarze Pfefferkörner
2 EL Natursalz*
1 TL Pökelsalz**
1 EL Feinkristallzucker
1 EL Pommery-Senf
Olivenöl
Zitronensaft

Artischocken

4 Artischocken
Salz
Zitronensaft
3 EL Olivenöl
2 Thymianzweige
1 Knoblauchzehe
Pfeffer

Garnitur

Blattsalat
Kräuter
Evtl. 1 Tomate
Kräuteröl

** Ohne Zusätze wie Jod oder Natrium. Auch Himalayasalz ist empfehlenswert.*
*** Speisesalz mit max. 0,5 % Natriumnitrit. Verleiht dem Fleisch eine lebhaft rote Farbe. Falls es zu schwer zu beschaffen ist, kann man in diesem Gericht auch darauf verzichten.*

Filet zuputzen (Häute und Fettansätze abziehen bzw. wegschneiden). Pfeffer sehr grob reiben oder in einem Mörser zerdrücken. Pfeffer mit Salz und Zucker vermischen. Fleisch mit Senf einstreichen, in der Gewürzmischung wenden, in Folie wickeln und gekühlt ca. 2 Tage marinieren lassen.

Von den Artischocken die Stiele mit einer Drehbewegung abbrechen (dadurch werden Fäden aus den Böden gezogen). Artischocken in reichlich Salzwasser zugedeckt weich kochen (dauert ca. 25 Minuten; die Artischocken sind ausreichend gegart, wenn sich die Böden mit einer Nadel leicht einstechen lassen). Artischocken in kaltem Wasser auskühlen lassen. Blätter der Artischocken abzupfen, das Heu von den Artischockenböden zupfen bzw. mit einem scharfkantigen Löffel schaben. Artischockenböden sofort mit Zitronensaft einreiben, damit sie möglichst wenig verfärben, und in gefällige Spalten schneiden. Das Mark der Blätter kann man für die Zubereitung einer Artischockencreme nutzen (siehe Anmerkung unten). Artischockenstücke in heißem Olivenöl schwenken, Thymian und Knoblauch mitbraten, wodurch die Artischocken leicht parfümiert werden. Artischocken mit Salz und Pfeffer abschmecken.

Rindsfilet aus der Folie nehmen, abwaschen, trockentupfen und in dünne Scheiben schneiden. Mit ein wenig Olivenöl und Zitronensaft marinieren und auf Teller legen. Artischocken auf das Fleisch legen. Mit Salat, Kräutern und eventuell Tomatenwürfeln dekorieren. Dazu passt auch Kräuteröl (dafür Kräuter mit Olivenöl mixen) und Gänselebermousse. Für das Mousse Gänseleberparfait (im Delikatessenhandel erhältlich) glattrühren, mit Cognac und Portwein kräftig abschmecken, mit geschlagenem Obers (Sahne) im gleichen Gewicht wie das Parfait verrühren.

Die Artischockencreme: Artischockenmark mit Hilfe eines Löffels aus den Blättern schaben und mit einer Mischung aus Olivenöl und Erdnussöl mixen. Wenn man eine glatte Creme ohne Fäden haben will, die Masse durch ein Sieb streichen. Creme mit Zitronensaft, Salz und Cayennepfeffer abschmecken. Passt sehr gut auf Crostini, als Beilage zu gebratenem Fisch oder hellem Fleisch.

Artischocke Eine der größten Gemüse-Delikatessen, wenn auch botanisch zu den Disteln zählend und ein wenig aufwändig in der Zubereitung. Frische Artischocken erkennt man an Blättern, die grün und nicht braun verfärbt oder vertrocknet sind. Der Blütenkopf sollte geschlossen sein, der Stiel fest und saftig.

Variation vom Hering

Matjeshering Wie der Flusskrebs ist auch der Hering im Verlauf der Jahrhunderte einem kulinarischen Bedeutungswandel unterworfen. Krebs und Hering waren früher so häufig, dass auch die ärmsten Bevölkerungsschichten dazu Zugang hatten. Krebse sind längst zur raren Delikatesse geworden, der Hering ist wegen der Überfischung der Meere auf dem besten Wege dahin. Zu Matjes wird der Fisch, wenn einem nicht geschlechtsreifen Hering die Eingeweide entnommen, die Bauchspeicheldrüse jedoch belassen wird. Durch ein Enzym der Bauchspeicheldrüse entwickelt sich in Verbindung mit Salz das unverwechselbare Matjes-Aroma. Die Matjessaison beginnt am 31. Mai und endet Anfang Juli.

Zutaten für 6 Portionen

Hering auf Apfel-Gurken-Salat

6 eingelegte Heringsfilets
2 säuerliche Äpfel
1 Salatgurke
4 EL Sauerrahm
Salz
Pfeffer
Zitronensaft

Matjeshering auf Senf-Dill-Sauce

6 Matjesheringsfilets
2 EL Weißbrotbrösel
Pflanzenöl
3 EL Mayonnaise
1 EL Sauerrahm
1 TL Honig
1 TL Estragonsenf
1 TL Pommery-Senf
Salz
Pfeffer
Zitronensaft

Garnitur

1 große Kartoffel
Pflanzenöl
Salz
12 kleine Radieschen

Heringsfilets aus der Marinade nehmen und trocken tupfen. Äpfel und Gurke schälen, entkernen, in Würfel schneiden, mit Sauerrahm verrühren und mit Salz, Pfeffer und Zitronensaft abschmecken.

Schwänze der Matjesheringe wegschneiden. Filets trocken tupfen und mit den Außenseiten durch die Brösel ziehen. In einer Pfanne einen kleinen Schuss Pflanzenöl erhitzen, Matjesfilets mit der Bröselseite nach unten einlegen und auf dieser Seite farbgebend braten.

Mayonnaise mit Sauerrahm, Honig und Senf verrühren und mit Salz, Pfeffer und Zitronensaft abschmecken.

Für die Garnitur Kartoffel schälen, in kleine Würfel schneiden und diese in einer Pfanne mit reichlich Pflanzenöl knusprig und farbgebend braten. Aus der Pfanne heben, auf Küchenkrepp abtropfen lassen und leicht salzen. Radieschen putzen.

Ungebratene Heringfilets auf Apfel-Gurken-Salat, gebratene Filets auf Honigmayonnaise anrichten. Mit Radieschen und Kartoffelwürfeln und eventuell kleinem Salat und Kräutern garnieren.

Lauwarmer Saibling mit eingelegtem Kürbis und Kräutersalat

Kürbis ist ein überaus vielseitiges Gemüse, das als Zutat für pikante und süße Speisen dient. Unter der Vielzahl an Sorten scheiden die Zierkürbisse für die Verwendung in der Küche aus. Unter den Speisekürbissen stehen die Sorten Muskatkürbis, Moschuskürbis (zu denen auch der Hokkaidokürbis zählt), der längliche Butternusskürbis und der innen fasrige Spaghettikürbis in einem besonders guten Ruf. Die Konsistenz des Fruchtfleisches variiert zwischen mürb und fest, das Aroma zwischen schwach bis sehr ausgeprägt. Vor allem in Verbindung mit arabischen, indischen und asiatischen Gewürzen ermöglicht der Kürbis die Zubereitung sehr reizvoller Gerichte.

Zutaten für 6 Portionen

700 g Saiblingsfilets (mit der Haut)
Salz
Pfeffer
Zitronensaft
100 g Butter

Eingelegter Kürbis

ca. 700 g Muskatkürbis*
3 Schalotten
100 g Ingwer
3 EL Olivenöl
40 ml Weißweinessig
Saft von 2 Orangen
500 ml Hühnersuppe
1 mehlige Kartoffel
Salz
Pfeffer
Cayennepfeffer

Kräutersalat

Kerbel-, Petersilien-, Estragon-, Friséesalat- und Radicchioblätter zu gleichen Teilen; gesamt ca. 200 g
2 EL Olivenöl
1 EL Zitronensaft
Salz

** Die Mengenangaben der weiteren Zutaten passen für 500 g entkernten und geschälten Kürbis.*

Kürbis entkernen, schälen und würfelig schneiden. Schalotten schälen und hacken. Ingwer schälen und blättrig schneiden. Schalotten in Olivenöl anschwitzen. Mit Essig und Orangensaft ablöschen. Ingwer beigeben, mit der Suppe aufgießen und alles köcheln, bis der Kürbis weich ist. Kurz davor Kartoffel schälen, fein reiben und zwecks Bindung mit dem Kürbis verrühren. Alles mit Salz, Pfeffer und Cayennepfeffer abschmecken und in Gläser füllen; nach diesem Rezept erhält man mehr eingelegten Kürbis als man für die sechs Portionen Saibling braucht. Der Rest eignet sich besonders als Beilage für Geflügel wie Truthahn oder für die Bereicherung kalter Vorspeisen.

Aus den Saiblingsfilets die darin verbliebenen Gräten auszupfen. Filets in ca. 3 Finger breite Stücke schneiden, mit Salz, Pfeffer und Zitronensaft würzen und mit weicher Butter rundum einstreichen. Saiblingsfilets mit der Hautseite nach oben im vorgeheizten Backofen bei 160 °C Oberhitze garen; die Garzeit hängt von der Dicke der Filets ab, die Filets sollten an der Unterseite gut glasig bleiben, aber ein wenig angewärmt sein.

Kräuter und Salate putzen, waschen, klein zupfen, vermischen und gut trockenschleudern. Kräutersalat mit Olivenöl und Zitronensaft marinieren und leicht salzen.

Von den Saiblingsfilets die Haut abziehen. Filets mit Kürbis, Kräutersalat und der geschmolzenen Butter anrichten. Als Bereicherung passen Kartoffelchips (im Bild von violetten Kartoffeln). Dafür Kartoffeln sehr gut reinigen, abtrocknen, mit der Schale in hauchdünne Scheiben schneiden und die Scheiben in Pflanzenöl frittieren.

Mit Honig geschmorte weiße Zwiebeln mit San-Daniele-Schinken

San-Daniele-Schinken
Die Qualität und Eigenart dieses Schinkens wird durch eine geschützte Herkunftsbezeichnung gewürdigt. Wenn „San Daniele" draufsteht, wurde der Schinken tatsächlich in San Daniele im Friaul gefertigt und stammt von Schweinen einer bestimmten Rasse, die zwischen Piemont und Molise gezüchtet wird. Die Schinken müssen völlig ausgeblutet sein, bevor sie mit Meersalz eingerieben werden. Danach reifen sie mindestens zwölf Monate. Als Kennzeichen des original San-Daniele-Schinkens bekommt der Prosciutto den Stempel „SD" der Aufsichtsbehörde (Consortio del Prosciutto di San Daniele) eingebrannt.

Zutaten für 6 Portionen

6 mittelgroße weiße Zwiebeln
1 gestr. EL Feinkristallzucker
2 TL Honig
Weißweinessig
150 g San-Daniele-Schinken (dünn geschnitten)
evtl. alter Balsamicoessig

Zwiebeln schälen und in Spalten schneiden. In einer Pfanne Zucker mit ein wenig Wasser erhitzen, bis der Zucker leicht Farbe genommen hat. Honig einrühren und alles mit einem Schuss Essig ablöschen.

Zwiebelspalten in die Pfanne legen und im vorgeheizten Backofen bei 160 °C schmoren, bis sie weich sind. Dabei immer wieder mit dem entstehenden Saft überziehen (die Gardauer beträgt ca. 20 Minuten). Zwiebeln aus der Pfanne nehmen und abkühlen lassen.
Schinken mit lauwarmen Zwiebeln gefällig anrichten, mit Zwiebelsaft überziehen und eventuell mit ein paar Tropfen altem Balsamicoessig aromatisieren.

Marinierter Wolfsbarsch mit Avocado und Mango

Fenchelsamen Fenchel ist nicht nur heilkräftig, sondern in vielerlei Hinsicht auch kulinarisch wertvoll. Der Samen mit seinem anisartigen, leicht an Lakritze erinnernden Geschmack eignet sich beispielsweise vorzüglich für die Aromatisierung von Fisch und Gemüse. Besonders interessant ist die Kombination von Fenchelsamen mit schwarzen Oliven.

Zutaten für 6 Portionen

500 g Wolfsbarschfilet (ohne Haut)
1 Bund Petersilie
1/2 Bund Koriandergrün
Je 1 unbehandelte Zitrone und Orange
1 TL Fenchelsamen
1 TL Javapfeffer
20 g Natursalz*
10 g Feinkristallzucker

Avocado und Mango

1 mäßig weiche Avocado
1 Flugmango
3 EL Olivenöl
Salz
Cayennepfeffer
Zitronensaft

Avocadopüree

1 vollreife Avocado
60 ml Wasser
Salz
Cayennepfeffer
Zitronensaft

Aus dem Wolfsbarschfilet die darin verbliebenen Gräten auszupfen. Petersilien- und Korianderblättchen fein hacken. Die Schalen der Zitrone und Orange fein abreiben. Kräuter und Zitrusfrüchteschalen mit Fenchelsamen, Javapfeffer, Salz und Zucker vermischen. Wolfsbarschfilet mit der Würzmischung einreiben, in Frischhaltefolie wickeln und ca. 48 Stunden gekühlt marinieren lassen.

Avocado und Mango schälen. Fruchtfleisch von den Kernen lösen bzw. schneiden und in haselnussgroße Würfel schneiden. Mit Olivenöl, Salz, Cayennepfeffer und Zitronensaft marinieren.

Für das Avocadopüree Avocado schälen, entkernen und das Fruchtfleisch mit Wasser fein pürieren. Mit Salz, Cayennepfeffer und Zitronensaft abschmecken.

Würzmischung vom Wolfsbarsch streichen. Fisch in dünne Scheiben schneiden, auf einen Teller legen und mit marinierter Avocado und Mango sowie einem schönen Löffel Avocadopüree anrichten. Als Garnitur passen kleine Radieschen und feine Blattsalate, Chips und eine schaumig aufgemixte weißen Sauce (wie auf Seite 86 beschrieben).

* *Siehe Anmerkung Seite 32*

Gemüsesülze

Zutaten für eine Terrine
mit einem Inhalt von ca. 1,5 l
(ca. 25 Vorspeisenportionen)

12 Blatt Gelatine
200 g Brokkoli
500 g Karfiol (Blumenkohl)
50 g Karotten
50 g gelbe Rüben
1 Stange Lauch
1 l Gemüsefond oder milde, klare Rindsuppe
Liebstöckel
Petersilie
Minze
Salz
Pfeffer
Weißweinessig

Gelatine in eiskaltem Wasser einweichen.

Gemüse putzen bzw. schälen. Brokkoli und Karfiol in Röschen teilen. Karotten und gelbe Rüben in gleichmäßige Stifte schneiden. Lauch gut waschen, in Ringe schneiden, in Salzwasser überkochen und in kaltem Wasser abschrecken. Lauch auf ein Tuch legen und mehrfach wenden, damit er gut abtropft.

Gemüsefond oder Rindsuppe zum Kochen bringen und das vorbereitete Gemüse darin Sorte für Sorte weich kochen. Gemüse nach dem Kochen sofort in eiskaltes Wasser legen, damit die frischen Farben erhalten bleiben. Gemüse gut abtropfen lassen.
Kräuterblättchen von den Stängeln zupfen und fein hacken (man benötigt jeweils 1 EL voll).

Fond oder Suppe durch ein feines Sieb oder noch besser Etamin (ein feines Tuch; erhältlich im Küchenbedarfshandel) seihen. Kräuter einrühren und mit Salz, Pfeffer und Essig abschmecken. Gelatine ausdrücken und im warmen Fond oder der warmen Suppe auflösen.
Gemüse attraktiv in die Terrinenform schichten (den Lauch zuerst einlegen), mit Fond oder Suppe auffüllen, mit Frischhaltefolie abdecken und kühlen, bis das Gelee gut angezogen hat.

Vor dem Servieren die Terrine kurz in heißes Wasser tauchen, Sülze behutsam aus der Form stürzen und portionieren. Eventuell mit frisch geschnittenen Jungzwiebeln garnieren.

Selbst gesulzt! Bei Verwendung von Gelatine lässt sich Gelee mit wenigen Handgriffen herstellen, und Gelatine ist auch das richtige Mittel für die Zubereitung von Gemüsesülzen. Wer nicht nur den gelierenden Effekt, sondern auch den typischen Sulzgeschmack haben möchte, köchelt Schweinshaxeln und Schweinsschwanzeln mit Wasser bedeckt so lang, bis sich Schwarten und Fleisch ganz leicht von den Knochen lösen lassen. Die zurückbleibende Flüssigkeit – der so genannte „Sulzenstand" – geliert ausgezeichnet und gibt mit Essig, Salz und Pfeffer gewürzt das Bindemittel für kräftig-deftige Sülzen.

Quiche auf zwei Arten

Zutaten für Formen mit 26 cm Durchmesser

Lauch-Quiche

200 g glattes Weizenmehl*
ca. 110 g Butter
50 ml Wasser
6 Eier
Salz
2 mittelstarke Stangen Lauch
250 g Crème fraîche
80 ml Schlagobers (Sahne)
80 g Emmentaler oder Gouda
Pfeffer
Muskatnuss

Spinat-Ricotta-Quiche

300 g glattes Weizenmehl*
4 Eier
Salz
ca. 180 g Butter
400 g Blattspinat
250 g Ricotta
1 Zwiebel
2 Knoblauchzehen
60 g Hartkäse
50 ml Schlagobers (Sahne)
Pfeffer
Muskatnuss

** Vom Teig lieber reichlich zubereiten, weil sich die Masse dann leichter bearbeiten lässt. Was nicht sofort verwendet wird, kann man in Frischhaltefolie gewickelt im Kühlschrank eine Woche oder länger lagern.*

Für die Lauch-Quiche Mehl auf eine Arbeitsfläche geben, 80 g kalte Butter darauf setzen, Butter in kleine Stücke schneiden und rasch wie bei der Zubereitung von Streusel zwischen den Fingern oder den flachen Händen verreiben. Wasser, 1 Ei und eine Prise Salz dazu geben und alles sehr flott zu einem homogenen Teig kneten (bei einer langsamen Verarbeitung der Zutaten kann die Butter schmelzen, wodurch der Teig sehr fest werden würde). Teig in Frischhaltefolie einschlagen und mindestens 30 Minuten im Kühlschrank ruhen lassen.

Lauch putzen, waschen, in dünne Ringe schneiden und in einer Pfanne mit 1 EL Butter anschwitzen. Lauch abkühlen lassen.

Käse reiben. Restliche Eier mit Crème fraîche und Obers verquirlen, Käse und Lauch untermischen und mit Salz, Pfeffer und geriebener Muskatnuss würzig abschmecken.
Eine Backform oder Springform mit Butter ausstreichen. Teig dünn ausrollen und in die Form breiten, sodass auch der Rand ausgekleidet ist (das Ausrollen gelingt leichter, wenn man den Teig zuvor ein wenig Temperatur annehmen hat lassen). Überstehenden Teig wegschneiden.

Lauchmasse auf dem Teig verteilen. Quiche ganz unten in den auf 200 °C vorgeheizten Backofen schieben und backen. Die Quiche ist aureichend gegart, wenn die Eier-Obers-Mischung angezogen hat; dauert ca. 30 Minuten.
Für die Spinat-Quiche Mehl in eine Schüssel geben, mit 2 Eiern, einer guten Prise Salz und 150 g Butter rasch verkneten. Teig wie oben beschrieben kalt stellen.

Spinat putzen, waschen, überkochen, eiskalt abschrecken, ausdrücken und klein schneiden.

Zwiebel und Knoblauch schälen, fein hacken und in ein wenig Butter anschwitzen. Spinat und Ricotta zugeben und alles vermischen.
Käse reiben. In einer Schüssel restliche Eier, Käse und Obers mit der Spinatmasse vermischen. Alles mit Salz, Pfeffer und geriebener Muskatnuss würzig abschmecken.

Quiche wie oben beschrieben fertigstellen und backen.

Suppen

Rindsuppe mit Butternockerln und Eiraviolo

Zutaten für 6 Portionen

4 Karotten
2 Petersilienwurzeln
½ Knolle Sellerie
2 dünne Stangen Lauch
3 Zwiebeln
1 kg Suppenknochen
ca. 500 g Tafelspitz
10 Pfefferkörner
2 Gewürznelken
1 Lorbeerblatt
1 großer Zweig Liebstöckel
Meersalz
Schnittlauch

Wurzelgemüse schälen und in Stücke schneiden. Lauch putzen, waschen und in breite Ringe schneiden. Zwiebeln schälen, halbieren und in einer Pfanne ohne Zugabe von Fett an den Schnittflächen gut farbgebend anbraten. Knochen mit kaltem Wasser gut abspülen. Ca. 1,5 l Wasser zum Kochen bringen. Fleisch und Knochen einlegen und kurz kochen lassen (Fleisch und Knochen sollen mit Wasser bedeckt sein). Schaum und Trübstoffe abschöpfen. Gemüse, Pfefferkörner, Nelken, Lorbeerblatt und Liebstöckel zugeben und alles ca. 1 1/2 Stunden ganz leicht köcheln lassen. Eventuell Wasser nachgießen (Fleisch und Knochen sollten bedeckt bleiben). Suppe durch ein Sieb seihen und mit Salz abschmecken.

Butternockerl

100 g Butter
Salz
2 Eier
50 g Weißbrotbrösel
50 g glattes Weizenmehl

Für die Nockerl weiche Butter mit einer Prise Salz cremig rühren. Eier in Dotter und Klar (Eiweiß) trennen. Eidotter einzeln in die Butter einarbeiten. Eiklar zu Schnee schlagen. Mehl, Brösel und Schnee mit einem Schneebesen unter die Buttermasse ziehen. Masse ca. 30 Minuten rasten lassen.

Eiravioli

60 g griffiges Weizenmehl
30 g Hartweizengrieß
ca. 10 Eidotter
1 EL Olivenöl

Für den Ravioliteig Mehl, Grieß, Olivenöl und 3 bis 4 Eidotter zu einem glatten und gut elastischen Teig verkneten; die Konsistenz durch die Zugabe von mehr oder weniger Dotter einstellen. Teig in Frischhaltefolie einschlagen und ca. 30 Minuten rasten lassen.

Aus der Buttermasse mit Hilfe zweier Löffel Nockerl formen, in köchelndes Salzwasser einlegen und knapp unter dem Siedepunkt ca. 10 Minuten garen. Hitze abdrehen. Nockerl im bedeckten Topf weitere 5 Minuten ziehen lassen.

Für die Ravioli Teig dünn ausrollen und in Quadrate von ca. 8 cm Kantenlänge schneiden. Auf jedes Teigstück einen Eidotter setzen. Teig über die Dotter schlagen, Ränder zusammendrücken und runde Ravioli ausstechen. Ravioli in kochendes Salzwasser legen und knapp unter dem Siedepunkt 2 Minuten ziehen lassen.

Tafelspitz in dünne Scheiben schneiden und in der Suppe wärmen. Suppe und Fleisch in Teller geben, Nockerl und Ravioli einlegen. Mit Schnittlauch bestreut servieren.

Schnittlauch Die grünen, röhrenartigen Blätter dieser Lauchpflanze zählen zu den beliebtesten Küchenkräutern der heimischen Küche. Ihr Geschmack erinnert etwas an Zwiebel, ist jedoch wesentlich feiner und zarter. Schnittlauch sollte immer erst am Schluss einer Speise zugegeben und nicht wieder erwärmt werden, da sonst sein feines Aroma schnell verloren geht.

Kartoffel-Lauch-Suppe mit Kaviar

Kaviar Generell kann jede Art von nicht giftigen Fischeiern als Kaviar bezeichnet werden, wobei der am höchsten geschätzte vom Stör stammt. Die Herstellung ist bei allen Arten ähnlich, indem die Eier zuerst gereinigt und dann je nach Sorte mehr oder weniger gesalzen werden. Da Störe überaus selten geworden und die Preise daher dramatisch gestiegen sind, wird heute nicht nur Forellen-, Saiblings- und Lachskaviar von Zuchtfischen angeboten, sondern auch Kaviar vom Zuchtstör. Das Qualitätsniveau ist beständig steigend.

Zutaten für 6 Portionen

3 mehlige Kartoffeln (ca. 350 g)
1 Stange Lauch
2 Schalotten
1 l Hühnersuppe
2 EL Olivenöl
1 EL Crème fraîche
Salz
Pfeffer
Muskatnuss
Cayennepfeffer, Zitronensaft
Kaviar*

** Menge und Sorte nach Lust und Budget*

Kartoffeln schälen und in walnussgroße Stücke schneiden. Lauch putzen, waschen und in Ringe schneiden. Schalotten schälen und klein schneiden. Schalotten, Lauch und Kartoffeln in Olivenöl anschwitzen, mit Suppe aufgießen und köcheln, bis die Kartoffeln weich sind.

Gemüse in der Suppe pürieren. Crème fraîche einmixen und die Suppe mit Zitronensaft, Salz, Pfeffer, Cayennepfeffer und geriebener Muskatnuss abschmecken.

Kaviar gefällig in Teller setzen. Suppe schaumig aufmixen und in die Teller schöpfen oder gießen (am besten lauwarm). Eventuell als zusätzliche Einlage fein geschnittenen und überkochten Lauch geben. Als Dekoration passen kleine Blätter vom Basilikum.

Variation: Diese Suppe schmeckt auch heiß ganz vorzüglich. Als Einlage eignen sich geschmorter Lauch und/oder gebratene Eierschwammerl (Pfifferlinge). Lauch putzen und in ca. fingerbreite Scheiben schneiden. Lauchscheiben in einer Pfanne mit Butter und einer ganz kleinen Prise Zucker auf beiden Seiten farbgebend braten. Mit Salz, Cayennepfeffer und Zitronensaft würzen. Kleine Eierschwammerl putzen, kurz und gut waschen, abtropfen lassen oder trockentupfen und in einer Pfanne mit einer Mischung aus Butter und Pflanzenöl bei kräftiger Hitze braten. Schwammerl mit Salz, Pfeffer und einer kleinen Prise gemahlenem Kümmel würzen.

Krustentier-Samtsuppe mit gebratenen Meeresfrüchten

Chili Die ursprüngliche Heimat der Chilischote ist Mittel- und Südamerika. Heute wird sie in ungezählten Regionen kultiviert und in verschiedensten Größen, Formen, Farben und Schärfegraden angeboten. Noch vor der Fruchtigkeit ist es die Schärfe, die für die Wahl der Sorte und die Großzügigkeit der Verwendung von Bedeutung ist. Sie ist vom Capsaicingehalt der Schote abhängig. Ganz oben im Ranking der scharfen Schoten: die bauchigen Habanero-Chilis, die indischen Bhut Jolokia und die schlanken Hot-Red-Chilis aus Thailand.

Zutaten für 8 Portionen

500 g Karkassen von Krustentieren (Hummer, Languste, Scampi, Krebse ...) oder 1 Hummer mit ca. 700 g (bereits vorgekocht)
1 kleine Knolle Fenchel
100 g Lauch
50 g Stangensellerie
1 Karotte
50 g Champignons
5 Schalotten
1 Zwiebel
2 Knoblauchzehen
Olivenöl
2 Petersilienstängel
1 EL Tomatenmark
125 ml trockener Wermut (z. B. Noilly Prat)
40 ml Cognac
250 ml Weißwein
500 ml Hühnersuppe
1 l Obers (Sahne)
Salz
Pfeffer
Cayennepfeffer
1 Prise Safran

MEERESFRÜCHTE-EINLAGE

Ca. 500 g Meeresfrüchte wie Calamari, Pulpo (Tintenfische), Garnelen und/oder das Fleisch des verwendeten Hummers
2 EL Olivenöl
Zitronensaft
Salz
Pfeffer

Karkassen in kaltem Wasser gut spülen. Bei Verwendung eines ganzen Hummers oder dergleichen, das Fleisch aus Schwanz und Scheren zuvor auslösen.

Gemüse und Pilze schälen bzw. putzen, waschen und in Stücke schneiden. Karkassen so gut es geht klein schneiden oder hacken und in Olivenöl anrösten. Gemüse und Petersilienstängel zugeben und mitrösten. Tomatenmark einrühren und kurz mitrösten. Diesen Ansatz mit Wermut, Cognac und Wein ablöschen, eventuellen Satz vom Boden lösen und alles mit Suppe und Obers aufgießen. Mit Salz, Pfeffer, Cayennepfeffer und Safran würzen. Suppe ca. 30 Minuten leicht köcheln. Suppe durch ein Sieb seihen, aufkochen und abschmecken.

Meeresfrüchte putzen. Bei Verwendung von Muscheln, solche, die geöffnet sind, weggeben (sie könnten verdorben sein). Je nach Größe und Art der Meeresfrüchte diese im Ganzen lassen oder in mundgerechte Stücke schneiden.

Meeresfrüchte in Olivenöl kurz braten, mit Zitronensaft, Salz und Pfeffer abschmecken.

Meeresfrüchte in einen Teller geben, mit der Krustentiersamtsuppe aufgießen und servieren. Als Dekoration passt das Kraut des Fenchels und/oder Estragon.

Eierschwammerl-Buttermilch-Suppe mit Wachtelei

Eierschwammerl Besonders in der Nähe von Eichen, Kiefern und Tannenbäumen fühlt sich dieser gelbe, nach oben zu einem Trichter sich öffnende Speisepilz sehr wohl. Eierschwammerl (in Deutschland „Pfifferlinge“) sind in unserer Küche ein sehr beliebter Speisebegleiter, der sich auch ein paar Tage lagern lässt. Dafür legt man die Schwammerl am besten in ein Holzbehältnis, deckt sie mit einem Tuch ab und stellt sie in den Kühlschrank. Wie bei den meisten Gemüsesorten gilt auch für diese und andere Pilze: die kleinen, festen sind kulinarisch wertvoller als optisch eindrucksvolle Großexemplare.

Zutaten für 6 Portionen

1 l Buttermilch
2 Schalotten
400 g Eierschwammerl (Pfifferlinge)
2 EL Olivenöl
1 EL Butter
20 ml trockener Sherry
125 ml Schlagobers (Sahne)
1 EL Crème fraîche
Salz
Pfeffer
Cayennepfeffer
Petersilie
6 Wachteleier

Buttermilch aufkochen und durch ein Sieb seihen.

Schalotten schälen und fein hacken (man benötigt ca. 2 EL voll). Eierschwammerl putzen, kurz und gut waschen und abtropfen lassen. Eierschwammerl mit Schalotten bei mäßiger Hitze in einer Mischung aus Olivenöl und Butter so lang braten, bis der austretende Saft weitestgehend verdampft ist. Ein Drittel der Schwammerl aus dem Topf nehmen und für die Einlage reservieren. Rest mit Sherry und Obers ablöschen und mit Buttermilch aufgießen. Flüssigkeit um ca. ein Viertel der ursprünglichen Menge einkochen. Crème fraîche einrühren. Suppe mixen, sodass die Schwammerl fein püriert werden. Suppe mit Salz, Pfeffer und Cayennepfeffer abschmecken.

Petersilienblättchen fein hacken (man benötigt ca. 1 TL voll). Die zurückbehaltenen Eierschwammerl mit der Petersilie kurz erhitzen, mit Salz und Pfeffer abschmecken.

Pilze gefällig in die Teller setzen (gelingt am besten, wenn man einen Ring zu Hilfe nimmt). Auf die Pilze Wachteleidotter geben. Suppe erhitzen, schaumig aufmixen und zu den Pilzen in die Teller gießen. Als zusätzliche Einlage und Garnitur passen Kräutergelee wie auf Seite 36 beschrieben oder Brotchips. Dafür mit Hilfe einer Maschine hauchdünne Brotscheiben schneiden, mit Olivenöl beträufeln und im Backofen bei 80 °C trocknen.

Topinambursuppe mit geräuchertem Waller

Zutaten für 6 Portionen

ca. 700 g Topinambur*
2 Schalotten
2 EL Olivenöl
1 EL Butter
40 ml trockener Sherry
1 l Hühnersuppe
1 EL Crème fraîche
Salz
Pfeffer
Muskatnuss
Zitronensaft
Cayennepfeffer
100 g geräucherter Waller**

** Die Mengen der restlichen Zutaten beziehen sich auf 500 g geschälte Topinambur*

*** Oder auch andere Räucherfische wie Forelle oder Heilbutt*

Topinambur putzen, schälen, waschen und in haselnussgroße Stücke schneiden. Schalotten schälen und klein schneiden. Topinambur und Schalotten in einer Mischung aus Öl und Butter anschwitzen. Mit Sherry und Hühnersuppe aufgießen und die Topinambur darin weich kochen. Crème fraîche beigeben und alles fein pürieren. Mit Salz, Pfeffer, geriebener Muskatnuss, Zitronensaft und Cayennepfeffer abschmecken.

Den geräucherten Waller dünn aufschneiden und in Suppenteller oder -tassen legen. Suppe nochmals erhitzen und schaumig aufmixen. Suppe auf den Waller gießen. Als weitere Einlagen passen Topinamburpüree und Topinamburchips (siehe Anmerkungen).

Anmerkungen: Topinambur ist eine ebenso preisgünstige wie vielseitig verwendbare Knolle. Beispielsweise kann man daraus Püree zubereiten, indem man die Knollen gründlich bürstet, putzt und wäscht (das Schälen ist nicht erforderlich), in Stücke schneidet und in einer Mischung aus Hühnersuppe und Obers zu gleichen Teilen weichkocht. Einen guten Teil der Flüssigkeit abgießen, Topinambur pürieren und so viel von der Kochflüssigkeit wieder einmixen, dass ein sämiges Püree entsteht. Mit Salz, Cayennepfeffer und Zitronensaft abschmecken. Passt zu Wild, Rind aber auch geschmackskräftigem Fisch. Für die Chips die Topinambur wie oben beschrieben vorbereiten, in dünne Scheiben schneiden oder hobeln und heiß frittieren. Aus dem Fett heben, trockentupfen und noch heiß salzen. Eine leckere Knabberei zum Aperitif und eine hübsche Dekoration für allerlei Gerichte mit Gemüse.

Topinambur Die mit der Sonnenblume eng verwandte, kartoffelähnliche Erdfrucht, die auch Erdartischocke oder – weniger vornehm – Sauerdapfel genannt wird, zeichnet sich durch ihren süßlichen Geschmack aus. Aufgrund ihrer dünnen Schale ist die Lagerfähigkeit unter Haushaltsumständen sehr begrenzt. Professionell gelagert – nämlich sehr kühl und unter Sand – überdauern Topinambur aber mehrere Monate und sind daher im Delikatessenhandel und auf Märkten bis tief in den Winter erhältlich.

Geeiste Apfelsuppe mit geräuchertem Aal

Zutaten für 6 Portionen

100 g Räucheraal
3 Blatt Gelatine
250 ml naturtrüber Apfelsaft
250 ml Wasser
2 säuerlich schmeckende Äpfel
ca. 120 ml Champagner

Vom Aal die Haut abziehen. Aal eventuell anfrieren, wie auf Seite 32 beschrieben (dadurch lässt er sich leichter schneiden). Gelatine in eiskaltem Wasser einweichen.

Apfelsaft und Wasser wärmen, Gelatine ausdrücken und im Saft auflösen. Saft kühlen, damit die Gelatine anzieht.

Äpfel schälen, entkernen, in sehr kleine Würfel schneiden und mit der gelierten Suppe vermischen.

Aal in möglichst dünne Scheiben schneiden. Geeiste Apfelsuppe in Teller geben, mit Aal belegen und mit Champagner aufgießen. Als würzende Garnitur empfiehlt sich frisch geriebener Kren (Meerrettich).

Räucheraal Diese Spezialität drohte in den letzten Jahren in Vergessenheit zu geraten. Ein Grund dafür kann der diätetisch eventuell bedenkliche Fettgehalt des Aals sein, der allerdings kulinarisch ein Segen ist. Gerade weil Aal reichlich Fett ansetzt, kann ihm durch Räuchern ein höchst delikates Aroma verliehen werden.

Maroni-Samtsuppe

Maroni zählen zu den verbreiteten Winterdelikatessen. Die Vorbereitung durch Einschneiden, Kochen oder Braten und Schälen erweist sich als einigermaßen arbeitsintensiv, weshalb auch gern zu Halbfertigprodukten gegriffen wird. Maroni gibt es vorgekocht, als Creme, Mehl oder tiefgekühltes Püree. Eine der unbekannten Eigenschaften der Maroni liegt darin, dass sie glutenfrei sind, weshalb Kastanienmehl als Getreideersatz bei Glutenunverträglichkeit dient.

Zutaten für 6 Portionen

1 kg Maroni (Esskastanien)*
3 Schalotten
2 EL Olivenöl
1 l Rindsuppe
250 ml Schlagobers (Sahne)
1 EL Sauerrahm
Salz
Pfeffer
Cayennepfeffer
Zitronensaft
Weitere Maroni für die Einlage

** Im gut sortierten Lebensmittelhandel auch bereits geschält im Glas erhältlich*

Maroni auf der gewölbten Seite einschneiden und im Backofen bei 200 °C ca. 20 Minuten braten. Maroni schälen.

Schalotten schälen und hacken. Schalotten und Maroni in Olivenöl anschwitzen, mit Suppe aufgießen und die Maroni darin weich kochen. Obers und Sauerrahm einrühren. Suppe mit einem Pürierstab aufmixen und durch ein feines Sieb seihen.
Suppe mit Salz, Pfeffer, Cayennepfeffer und Zitronensaft abschmecken. Vor dem Servieren nochmals erhitzen und schaumig aufmixen. Eventuell mit gehobelten Maroni bestreuen.

Variation: Maronisuppe kann man auch in einer ungebundenen Variante zubereiten. Dafür wie im Rezept oben verfahren, allerdings keinen Sauerrahm verwenden. Weiters die Suppe nur kurz mixen und durch ein feines Sieb seihen. Als Einlage für diese Suppe ist schwarze Trüffel prädestiniert. Die teure Knolle waschen und gut bürsten, in millimeterdicke Scheiben schneiden und diese beispielsweise in einer Mischung aus Sherry und Portwein leicht wärmen.

Zwischengerichte

Rotes Zwiebelrisotto mit Traminergelee und Gorgonzola

Gorgonzola Er ist einer der bekanntesten Käse aus Italien und wird aus Kuhmilch zubereitet, indem dem Käsebruch *Penicillium-gorgonzola*-Edelpilzkulturen beigefügt werden. Durch das Einstechen des Käselaibes mit Nadeln und die damit verbundene Sauerstoffzufuhr wird die Entwicklung der typischen grünen Schimmeläderung des Käseteiges gefördert. Der Käse reift zwischen zwei Monaten und einem Jahr, wobei die Rinde des Laibes immer wieder mit Salzwasser gewaschen wird. Sie ist in der Regel von rötlicher Farbe und wird von gräulichen Schimmelflecken unterbrochen. Wenn die Rinde bräunlich ist, weist dies auf eine zu lange Lagerung hin. Der Geschmack ist je nach Alter würzig bis pikant und weist eine leicht süße Note auf.

Zutaten für 6 Portionen

2 Schalotten
2 EL Olivenöl
200 g Risottoreis
60 ml Weißwein
1 l Hühnersuppe
Butter
3 EL Parmesan
Zitronensaft
Salz
Pfeffer
100 g Gorgonzola

Gelee

2 g Agar-Agar
125 ml Wasser
125 ml Traminer

Zwiebel-Confit

3 rote Zwiebeln
3 EL Olivenöl
1 EL Honig
250 ml trockener Rotwein
250 ml Portwein

Zuerst das Gelee zubereiten: Agar-Agar in Wasser 1 Minute kochen, Traminer zugießen. Eine Tasse oder ein Blech mit flachem Boden im Format von ca. 30 x 40 cm mit Frischhaltefolie auslegen. Geleeansatz darauf gießen und kühlen. Vom Gelee sechs Scheiben mit einem Durchmesser von ca. 10 cm ausstechen.

Für das Confit Zwiebel schälen, kleinwürfelig schneiden und in Olivenöl anschwitzen. Honig einrühren, mit Rot- und Portwein aufgießen und so lange köcheln, bis die Flüssigkeit verdampft ist.

Für den Risotto die Schalotten schälen, fein hacken und in Olivenöl anschwitzen. Risottoreis einrühren, glasig anschwitzen und mit Weißwein ablöschen. Reis ganz sanft unter ständigem Rühren köcheln. Immer so viel Hühnersuppe zugießen, dass der Reis mit Flüssigkeit bedeckt bleibt. Reis auf diese Weise bissfest köcheln (dauert ca. 18 Minuten). Zwiebelconfit nach Geschmack einrühren. So viel Butter einrühren, dass der Risotto cremig wird. Mit Parmesan, Zitronensaft, Salz und Pfeffer abschmecken.

Risotto auf Teller geben, mit Gelee und dünnen Scheiben vom Gorgonzola belegen. Zum Finish eventuell ein wenig von bestem Olivenöl auf die Teller träufeln und/oder Schaum von einer weißen Sauce wie auf Seite 86 beschrieben.

Nudeln mit weißer Trüffel

Weiße Trüffel Dieser Pilz, der unter der Erde wächst, gehört zu den teuersten Genussmitteln der Welt, wobei der Preis einerseits vom Angebot und andererseits von der Größe und Qualität der Ware abhängt. Besonders schön entwickelt die Trüffel ihr Aroma in Verbindung mit Butter oder Eidotter (Eigelb). Zu den klassischen Zubereitungsarten zählen daher Trüffelomelett oder Trüffelnudeln, wobei die rohe Trüffel in hauchdünnen Scheiben über die Gerichte gehobelt wird. Weiße Trüffel lässt sich nur kurz aufbewahren. Am besten in Küchenpapier wickeln und in einem luftdicht verschließbaren Glas im Gemüsefach des Kühlschranks lagern.

Zutaten für 6 Portionen

130 g Mehl
50 g Hartweizengrieß
Olivenöl
8 Eidotter (Eigelb)
Weiße Trüffel*
ca. 20 ml Hühnersuppe
2 EL Butter
ca. 50 g Parmesan
Salz
Pfeffer

** 10 g pro Portion ist für das Zwischengericht eine reichliche Gabe*

Mehl, Grieß, 2 EL Olivenöl und Eidotter zu einem glatten Teig kneten; die Konsistenz durch die Zugabe von mehr oder weniger Dotter einstellen. Teig in Frischhaltefolie einschlagen und ca. 30 Minuten rasten lassen.

Trüffel putzen: Anhaftende Erde oder Sand mit einem kleinen Messer abschaben und Sand und Erde auch aus allen Ritzen, Furchen und Höhlungen der Knolle entfernen. Unschöne Stellen sparsam ausschneiden. Weißen Trüffel möglichst nicht waschen, weil er dabei an Aroma verliert.

Nudelteig am besten mit Hilfe einer Nudelmaschine dünn ausrollen und in ca. 1 cm breite Streifen schneiden. Nudeln in Salzwasser 1 bis 2 Minuten kochen und abseihen.

Hühnersuppe mit Butter und einem kleinen Schuss Olivenöl in einer Pfanne erhitzen. Nudeln in dieser Mischung schwenken, geriebenen Parmesan nach Geschmack unterheben. Nudeln salzen, pfeffern, nochmals schwenken und auf vorgewärmte Teller geben.

Trüffel mit Hilfe eines speziellen Hobels erst bei Tisch hauchdünn und so reichlich wie es das Budget erlaubt auf die Nudeln hobeln. Zur optischen Bereicherung eventuell auch noch Schaumsauce wie auf Seite 86 beschrieben auf die Teller geben.

Pochiertes Ei mit Spargel und Morcheln

Zutaten für 6 Portionen

1,2 kg weißer Spargel
Salz
Butter

Spargel gut schälen und die trockenen Enden wegschneiden. Spargel in Salzwasser bissfest kochen, aus dem Wasser heben und in ca. 2 cm lange Stücke schneiden (die Spitzen länger lassen).

Morcheln

300 g Morcheln
Petersilie
1 Schalotte
2 EL Olivenöl
1 TL Butter
20 ml Sherry
60 ml Kalbsjus*
1 EL Crème fraîche
Salz
Pfeffer

Morcheln gut waschen (am besten in einem Sieb unter fließendem Kaltwasser; Morcheln können sehr sandig sein, was – wenn sie nicht ausreichend gewaschen sind – den Genuss nachhaltig beeinträchtigt). Große Morcheln in Stücke schneiden. Petersilienblättchen fein hacken (man benötigt davon ca. 1 TL voll). Schalotte schälen. Morcheln und Schalotte in einer beschichteten Pfanne in einer Mischung aus Olivenöl und Butter ein paar Minuten bei mäßiger Hitze braten. Mit Sherry ablöschen und mit Kalbsjus aufgießen. Flüssigkeit aufkochen, Crème fraîche einrühren und alles mit Salz, Pfeffer und Petersilie abschmecken.

Pochierte Eier

6 mittelgroße Freilandeier
2 l Wasser
40 ml Weißweinessig

** Im gut sortierten Lebensmittelhandel erhältlich*

Für die Eier Wasser mit Essig aufkochen. Eier behutsam aufschlagen und ins Wasser gleiten lassen (eventuell die Eier zuerst in eine Tasse geben und mit dieser ins Wasser legen). Eier im heißen, aber nicht sprudelnd kochenden Wasser 2 bis 3 Minuten garen. Dabei ein Mal wenden und die Eier mit Hilfe eines Kochlöffelstiels in Form bringen.

Während die Eier kochen, ein wenig Spargelfond mit 1 EL Butter erhitzen, Spargelstücke darin schwenken und wärmen. Eier aus dem Wasser heben, abtropfen lassen und sofort mit den Morcheln und dem Spargel anrichten. Wenn man das Gericht mit dekorativem Saucenschaum zu Tisch bringen will, Morcheln aus dem Saft heben, auf die Teller geben und den Saft schaumig aufmixen.

Morchel Zwei Arten von Morcheln sind für die Küche interessant: die runde Speisemorchel und die Spitzmorchel, die, wie der Name schon sagt, von länglicher Form ist. Gemeinsam ist beiden das feine Aroma und der würzige Geschmack. Pflückfrisch sind sie zwischen April und Juni verfügbar, den Rest des Jahres kann man zu getrockneten Morcheln greifen. Wichtig bei allen: Gut putzen, wässern oder mit kaltem Wasser abspülen, denn Morcheln können sehr sandig sein.

Cremespinat mit Wachtelspiegeleiern und weißer Trüffel

Zutaten für 6 Portionen

Weiße Trüffel*
300 g Blattspinat
2 Schalotten
100 g Butter
100 g Schlagobers (Sahne)
60 ml Geflügelfond**
Salz
Pfeffer
Cayennepfeffer

Wachtelspiegeleier

Olivenöl
6 Wachteleier
Salz

Weisse Sauce

siehe Seite 86

** 10 g pro Portion ist für das Zwischengericht eine reichliche Gabe*

*** Im gut sortierten Lebensmittelhandel erhältlich*

Trüffel wie auf Seite 72 beschrieben putzen. Sauce wie auf Seite 86 beschrieben zubereiten.

Blattspinat putzen und gut waschen. Schalotten schälen, fein hacken und in 1 EL Butter anschwitzen. Spinat zugeben, mit Obers und Geflügelfond aufgießen. Spinat eine Minute köcheln, dann fein pürieren.

Butter bis zur leichten Braunfärbung erhitzen. Sofort in ein kaltes Gefäß gießen, damit sie nicht nachbräunt und verbrennt. Spinat mit brauner Butter, Salz, Pfeffer und Cayennepfeffer abschmecken.

Für die Eier in einer beschichteten Pfanne ein wenig Olivenöl mäßig erhitzen. Die Schalen der Wachteleier mit einem kleinen spitzen Messer rundum anstechen, Eier öffnen und in die Pfanne gleiten lassen. Spiegeleier braten und erst nach dem Braten salzen.

Sauce erhitzen und schaumig aufmixen. Spinat auf Teller geben, je zwei Spiegeleier daraufsetzen. Eventuell ein wenig Jus rund um den Spinat gießen. Saucenschaum rund um den Spinat ziehen.

Trüffel mit Hilfe eines speziellen Hobels erst bei Tisch hauchdünn und so reichlich wie es das Budget erlaubt auf Spinat und Eier hobeln.

Spinat Die verbreitete Annahme, dass Spinat einen außerordentlich hohen Eisengehalt aufweist, wurde widerlegt. Dennoch bleibt Spinat ein sehr gesundes Gemüse. Besonders die im Frühjahr und Sommer geernteten jungen Blätter eignen sich hervorragend für die Zubereitung als Salat, wogegen der Spätsommer- und Herbstspinat gekocht oder überkocht mehr Freude bereitet. Dass Spinat nicht aufgewärmt werden darf, ist ein weiterer Irrglaube, dessen Ursprung in eine Zeit datiert, als Kühlschränke noch nicht verbreitet waren.

Gratiniertes Kartoffelpüree mit Fontinakäse und weißer Trüffel

Zutaten für 6 Portionen

Weiße Trüffel*
200 g mehlige Kartoffeln
Salz
100 g Butter
Milch
100 g Fontinakäse
Pfeffer
Muskatnuss
125 ml Schlagobers (Sahne)

** 10 g pro Portion ist für das Zwischengericht eine reichliche Gabe*

Trüffel wie auf Seite 72 beschrieben putzen.

Kartoffeln schälen, in Stücke schneiden und in Salzwasser weichkochen. Kartoffeln abseihen, ausdampfen lassen und mit einem Kartoffelstampfer zerdrücken oder durch eine Kartoffelpresse drücken. Butter und so viel heiße Milch einarbeiten, dass ein cremiges Püree entsteht. Käse kleinwürfelig schneiden oder fein reiben und unter das Püree heben. Püree mit Salz, Pfeffer und einem Hauch geriebener Muskatnuss abschmecken.

Obers steif schlagen. Püree auf Teller geben, auf jeden Teller ein wenig Obers geben. Teller in den vorgeheizten Backofen schieben und das Püree bei starker Oberhitze farbgebend überbacken.

Teller zu Tisch bringen (Vorsicht: heiß!), Trüffel mit Hilfe eines speziellen Hobels hauchdünn und so reichlich wie es das Budget erlaubt auf das Püree hobeln.

Anmerkung: Außerhalb der Trüffelsaison und wenn das Gericht nicht ganz so exklusiv werden soll, kann man statt der Trüffel auch knackige Steinpilze auf das Püree hobeln.

Fontina Dieser Almkäse aus Italien wird aus Rohmilch von Kühen hergestellt und reift in Stollen, die eine gleichmäßig kühle Temperatur gewährleisten. Je nach Alter hat der Käse einen anderen Charakter. So präsentiert er sich in der Jugend mit feinem Milcharoma, schmelzendem Teig und einem an Wiesenkräuter erinnernden Duft. Mit zunehmendem Alter wird der Teig härter, der Geschmack nussiger und das Aroma gewinnt an Würze. Fontina-Käse ist eine geschützte Bezeichnung, die die Herkunft aus dem italienischen Aostatal garantiert.

Jakobsmuscheln auf Cocobohnen mit weißer Trüffel und Thymianöl

Zutaten für 6 Portionen

12 Jakobsmuscheln oder Jakobsmuschelmedaillons
Salz
Pfeffer
3 EL Olivenöl
1 TL Butter
1 Thymianzweig
Weiße Trüffel*

THYMIANÖL
50 g Petersilie
5 Thymianzweige
250 ml Olivenöl
Salz,
Pfeffer

WEISSE SAUCE
siehe Seite 86

BOHNEN
150 g ausgelöste Cocobohnen
500 ml Hühnersuppe
2 Schalotten
2 EL Olivenöl
125 ml Schlagobers (Sahne)
1 EL Sauerrahm
Salz
Pfeffer
Zitronensaft

** 10 g pro Portion ist für das Zwischengericht eine reichliche Gabe*

Für das Öl Petersilie überkochen, mit eiskaltem Wasser abschrecken und gut ausdrücken. Thymianblättchen von den Stängeln zupfen. Thymian und Petersilie mit dem Öl mixen. Öl durch ein feines Sieb oder noch besser durch ein Tuch seihen und mit Salz und Pfeffer abschmecken.

Weiße Sauce wie auf Seite 86 beschrieben zubereiten.

Bohnen in der Hühnersuppe weich kochen und im Sud auskühlen lassen. Schalotten schälen, fein hacken, in Olivenöl anschwitzen und mit einem Schuss des Bohnensuds ablöschen. Obers zugießen, Sauerrahm einrühren und köcheln, bis eine leichte Bindung entstanden ist. Diese Sauce mit einem Pürierstab aufschlagen und mit Salz, Pfeffer und Zitronensaft abschmecken. Bohnen in die Sauce geben.

Muscheln wie auf Seite 58 beschrieben vorbereiten. Medaillons salzen, pfeffern und in einer beschichteten Pfanne mit Olivenöl, Butter und Thymian auf beiden Seiten farbgebend braten; das dauert nur wenige Minuten, die Medaillons sollen im Kern glasig bleiben.

Bohnen wärmen und mit Sauce auf Teller geben. Muschelmedaillons auf die Bohnen setzen. Ein wenig Thymianöl auf die Teller träufeln. Weiße Sauce erhitzen, schaumig aufmixen und den Schaum dekorativ auf die Teller geben.

Trüffel mit Hilfe eines speziellen Hobels erst bei Tisch hauchdünn und so reichlich wie es das Budget erlaubt auf die Muscheln und Bohnen hobeln.

Jakobsmuschel Diese Kammmuschel ist an den Küsten des Atlantiks und des Mittelmeeres verbreitet. Jakobsmuscheln aus „Wildfang" werden von November bis März angeboten, Zuchtware und tiefgekühlte Jakobsmuschelmedaillons sind das ganze Jahr erhältlich.

Gebratene Jakobsmuscheln im Ingwer-Karotten-Fond mit Ceylon-Spinat

Zutaten für 6 Portionen

12 Jakobsmuscheln bzw. Jakobsmuschelmedaillons
Salz
Pfeffer
3 EL Olivenöl

Ingwer-Karotten-Fond

500 g Mini-Karotten oder
100 ml Karottensaft
100 ml Orangensaft
350 ml Hühnersuppe
Ingwer (ein Stück von ca. 3 cm Länge)
1 mehlige Kartoffel
Salz
Pfeffer
Cayennepfeffer

Karotten und Spinat

ca. 18 Mini-Karotten
Salz
100 g Ceylon-Spinat
Pfeffer
Zitronensaft
Olivenöl

Bei der Verwendung ganzer Muscheln diese öffnen, indem man ein kräftiges Messer beim Gelenk zwischen die Schalen einsetzt und rundum schneidet. Muschelfleisch auslösen, Corail (das sind rosafarbene Hörnchen, die an den Muskeln der Muscheln sitzen) entfernen. Medaillons sauber zuputzen, abwaschen und trockentupfen.

Für den Fond Karotten schälen und entsaften (oder, wie bei den Zutaten angegeben, fertigen Karottensaft verwenden). Karottensaft mit Orangensaft kochen, bis die Flüssigkeit auf die Hälfte der ursprünglichen Menge reduziert ist. Mit der Hühnersuppe aufgießen. Ingwer schälen und reiben (man benötigt ca. 40 g) und in den Fond rühren. Kartoffel schälen, fein reiben und zwecks Bindung in den Fond rühren. Fond aufkochen, mit Salz, Pfeffer und Cayennepfeffer würzen und durch ein feines Sieb gießen.

Karotten putzen und in Salzwasser bissfest kochen (dauert nur ein paar Minuten). Karotten aus dem Wasser heben und trockentupfen. Karotten je nach Größe halbieren oder im Ganzen lassen.

Spinat putzen, waschen, gut abtropfen lassen oder trockenschleudern. Spinat und Karotten mit Salz, Pfeffer, Zitronensaft und Olivenöl marinieren.

Jakobsmuschelmedaillons salzen, pfeffern und in einer beschichteten Pfanne mit Olivenöl auf beiden Seiten farbgebend braten; das dauert nur wenige Minuten, die Medaillons sollen im Kern glasig bleiben.

Jakobsmuscheln aus der Pfanne nehmen, auf Küchenkrepp wenden, auf Teller setzen, mit Karottenfond begießen und mit Karotten und Spinat garnieren.

Mini-Karotten Karotten werden heute in über hundert Sorten angebaut. Die „Mini-Zuchtvariante" ist geschmacklich süßer und intensiver als ihre größeren Artgenossen. Frische Karotten sind knackig und von gleichmäßiger Farbe.

Hummer mit geschmortem Pulpo, Tomatenfond und Bratkartoffeln

Zutaten für 6 Portionen

500 g frischer Pulpo (Krake)
Salz
1 TL grüner Tee
Olivenöl
Estragon
je 125 ml Rot- und Portwein
125 ml Ochsenschwanzsauce*
2 gekochte Hummer à 700 g
Weißbrotbrösel

Tomatenfond

500 g vollreife rote Tomaten
2 Schalotten
Olivenöl
500 g gelbe Tomaten
20 ml Weißwein
20 ml trockener Wermut
3 Basilikumblätter
(z. B. Noilly Prat)
Salz
Pfeffer
1 Fleischtomate
5 Jungzwiebeln

Bratkartoffeln

9 kleine, festkochende
Kartoffeln
Salz
Butter

* *Siehe Rezept Seite 98*

Für den Fond Tomatenwasser vorbereiten: Die roten Tomaten kleinschneiden, mit dem Pürierstab kurz mixen, in ein Tuch geben und dieses über eine Schüssel hängen; im Zeitraum von 12 Stunden sollte ca. 1/4 l recht klares „Tomatenwasser" abtropfen. Schalotten schälen, hacken und in Olivenöl anschwitzen. Gelbe Tomaten in Spalten schneiden, zugeben und ein wenig schmoren. Mit Wein, Wermut und Tomatenwasser ablöschen, Basilikum zugeben und alles ca. 10 Minuten köcheln. Fond durch ein Sieb seihen und mit Salz und Pfeffer abschmecken. Von der Fleischtomate den Strunk ausschneiden, Tomate oben kreuzweise einschneiden, für ca. 10 Sekunden in kochendes Wasser legen, abschrecken und schälen. Fruchtfleisch kleinwürfelig schneiden. Jungzwiebeln putzen, kleinschneiden und in ein wenig Olivenöl glasig anschwitzen. Tomatenwürfel zugeben und ein Mal durchschwenken. Gemüse in den Tomatenfond geben.

Pulpo mit Salz abreiben, gut waschen und in Salzwasser mit grünem Tee und und ein paar Zweigen Estragon weichkochen (dauert ca. 1 Stunde). Pulpo aus dem Fond heben, auskühlen lassen und in Stücke schneiden.

Kartoffeln gut waschen, in Salzwasser kochen, ungeschält halbieren, in Butter braten und salzen.

Rot- und Portwein auf die Hälfte der ursprünglichen Menge einkochen und mit Ochsenschwanzsauce aufgießen. Nochmals aufkochen und durch ein feines Sieb gießen.

Pulpo in einer Pfanne mit Olivenöl farbgebend braten, mit heißer Sauce aufgießen und in den auf 160 °C vorgeheizten Backofen schieben. Pulpo ca. 3 Minuten ziehen lassen.

Fleisch der Hummerscheren auslösen, Hummerschwänze der Länge nach halbieren. Hummerschwänze mit der Fleischseite in Weißbrotbrösel drücken und mit dieser Seite nach unten in einer Pfanne mit heißem Olivenöl farbgebend braten. Ein wenig später auch das Fleisch der Scheren in die Pfanne legen und anbraten.

Alles gefällig anrichten. Dazu passt auch aufgeschäumte Krustentiersauce, die man aus Hummer oder Krebskarkassen wie die Suppe auf Seite 58 zubereiten kann.

Krake Lateinisch Octopus, spanisch Pulpo, italienisch Polpo – wie immer man den großen Tintenfisch nennen will, das kulinarische Kriterium liegt hier wie überall nicht in der Bezeichnung, sondern in der Zubereitung. Kraken geraten beim Kochen gern ein wenig zäh, wogegen nach alter Sitte dem Kochwasser manchmal ein Weinkorken beigegeben wird. Eine wissenschaftliche Bestätigung der mürbenden Wirkung des Korkens steht freilich aus. Erwiesen ist vielmehr, dass Tintenfische nach vorherigem Tiefkühlen beim Kochen deutlich weicher werden.

Zanderbackerl mit Rote-Rüben-Ravioli

Zutaten für 6 Portionen

400 g Zanderbackerl
(ersatzweise Zanderfilets)
Salz
Pfeffer
Olivenöl

Rote Rüben
3 Rote Rüben (Rote Bete)
250 ml Rote-Rüben-Saft
Weißweinessig
Salz
Pfeffer
150 g Ricotta
Cayennepfeffer

Ravioliteig
60 g griffiges Weizenmehl
30 g Hartweizengrieß
1 EL Olivenöl
4 Eidotter

Weisse Sauce
3 Schalotten
5 Champignons
2 EL Weißweinessig
250 ml Weißwein
125 ml Schlagobers (Sahne)
Salz
Pfeffer
Cayennepfeffer

Rüben waschen, in Alufolie wickeln und im Backofen bei 180 °C garen, bis sie weich sind (man rechne mit mindestens 90 Minuten Garzeit). Rüben aus den Folien nehmen und schälen. Zwei Rüben blättrig schneiden, aus den Blättern Scheiben mit ca. 5 cm Durchmesser ausstechen. Rübenscheiben mit Rübensaft vermischen und mit Essig, Salz und Pfeffer abschmecken. Reste der blättrig geschnittenen Rüben sowie die restliche Rübe fein hacken, mit Ricotta mischen, mit Salz, Pfeffer und Cayennepfeffer abschmecken.

Für den Ravioliteig Mehl, Grieß, Olivenöl und 3 bis 4 Eidotter zu einem glatten und gut elastischen Teig verkneten; die Konsistenz durch die Zugabe von mehr oder weniger Dotter einstellen. Teig in Frischhaltefolie einschlagen und ca. 30 Minuten rasten lassen.

Teig dünn ausrollen und in Quadrate von ca. 8 cm Kantenlänge schneiden. Auf jedes Teigstück Rüben-Ricotta-Fülle geben. Teig über die Fülle schlagen und die Ränder zusammendrücken. Ravioli in kochendes Salzwasser legen und knapp unter dem Siedepunkt 2 Minuten ziehen lassen.

Für die Sauce Schalotten schälen und fein hacken. Champignons putzen, waschen und fein hacken. Schalotten und Champignons mit Essig und Wein kochen, bis die Flüssigkeit auf die Hälfte der ursprünglichen Menge reduziert ist. Obers zugießen, nochmals aufkochen und die Flüssigkeit durch ein Sieb gießen. Sauce mit Salz, Pfeffer und Cayennepfeffer abschmecken.

Zanderbackerln salzen und pfeffern. Bei Verwendung von Filets diese in zwei Finger breite Streifen schneiden. In einer beschichteten Pfanne ein wenig Olivenöl erhitzen, Zander mit der Hautseite nach unten einlegen und bei mäßiger Hitze braten, bis er nur noch an der Oberfläche glasig ist (während des Bratens immer wieder Bratfett auf die Oberseite der Zanderstücke schöpfen). Zander aus der Pfanne heben und auf Küchenkrepp trockentupfen.

Rote-Rüben-Scheiben auf Teller geben. Zander daraufsetzen und Ravioli dazugeben. Sauce erhitzen, schaumig aufmixen und Saucenschaum auf die Teller geben. Eventuell auch kleinwürfelig geschnittenen Apfel auf die Teller streuen.

Rote Rübe Reich an Immunkraft stärkenden Inhaltsstoffen ist die Rote Rübe (Rote Bete) aufgrund ihrer guten Lagerfähigkeit ein beliebtes Wintergemüse. Auch von den Rüben sind wie bei den meisten Gemüsesorten die kleineren Exemplare vorzuziehen. Man kocht die gut gewaschenen Rüben mit dem Wurzelansatz, damit der Saft vollständig in der Knolle bleibt. Das Garen im Rohr dauert zwar recht lange, es bleibt dabei aber das Aroma der Rüben optimal erhalten.

Schnecken im Wirsingblatt mit weißer und roter Butter

Zutaten für 6 Portionen

24 Weinbergschnecken
2 Schalotten
1 Knoblauchzehe
150 g Champignons
Petersilie
1 EL Butter
Salz
Pfeffer
1 kleiner Wirsingkohl
Semmelbrösel

Weissweinbutter

2 Schalotten
2 EL Weißweinessig
125 ml trockener Weißwein
100 g Butter
1 EL Schlagobers (Sahne)
Salz
Pfeffer

Rotweinbutter

2 Schalotten
50 g Butter
125 ml kräftiger Rotwein
125 ml Portwein
125 ml Ochsenschwanzsauce
oder Kalbsjus*
Salz
Pfeffer

** Das Rezept für Ochsenschwanzsauce finden Sie auf Seite 98, Jus ist im gut sortierten Lebensmittelhandel erhältlich*

Für die Weißweinbutter Schalotten schälen und fein hacken. Schalotten mit Essig und Weißwein köcheln, bis die Flüssigkeit fast vollständig verdampft ist. Butter einrühren und schmelzen. Obers einrühren und erhitzen. Obers-Butter-Mischung durch ein Sieb gießen und mit Salz und Pfeffer abschmecken.

Für die Rotweinbutter Schalotten schälen und fein hacken. Schalotten in Butter anschwitzen, mit Rot- und Portwein aufgießen und köcheln, bis die Flüssigkeit auf die Hälfte der ursprünglichen Menge reduziert ist. Mit Ochsenschwanzsauce oder Jus aufgießen, nochmals aufkochen und die Flüssigkeit durch ein Sieb gießen. Mit Salz und Pfeffer abschmecken.

Schalotten schälen und fein hacken. Knoblauch schälen und fein hacken. Champignons putzen, waschen und kleinwürfelig schneiden. Petersilienblättchen fein hacken (man benötigt davon ca. 1 TL voll). Schalotten und Champignons in Butter anschwitzen, Knoblauch und Petersilie einrühren, alles mit Salz und Pfeffer abschmecken.

Schnecken gut waschen. Sechs schöne Blätter vom Wirsing lösen; das gelingt am besten, wenn man den Strunk des Kohls ausschneidet, den Kohl mit der Strunkseite auf eine große Gabel spießt und in kochendes Wasser taucht. Wirsingblätter in Salzwasser köcheln, bis sie weich sind, und zwischen zwei Tüchern trockenpressen. Jedes Wirsingblatt mit 2 Schnecken und Champignonmasse belegen, wie Rouladen eindrehen, straff in Frischhaltefolie wickeln und so eine halbe Stunde belassen (danach bleiben die Blätter eingerollt).

Wirsingrollen aus den Folien nehmen und rundum bei mäßiger Hitze ein paar Minuten braten (die Fülle soll dabei wieder warm werden). Die restlichen Schnecken unter öfterem Wenden in Butter braten, 1 EL Semmelbrösel und 1 TL gehackte Petersilie und eventuell auch ein wenig gepressten Knoblauch dazugeben und die Brösel leicht farbgebend rösten. Mit Salz und Pfeffer würzen.

Weißwein- und Rotweinbutter erhitzen. Wirsingrollen und Schnecken mit beiden Buttersorten gefällig anrichten.

Wirsing Der Verwandte des Weiß- und Rotkohls findet in der Küche vielseitige Verwendung. Frühe Sorten mit mildem Geschmack eignen sich besonders gut für kurz gegarte Gemüsebeilagen. Der festere Herbstwirsing ist hingegen für die Zubereitung von Eintöpfen prädestiniert.

Sot-l'y-laisse mit Eierschwammerln und Garnelen

Sot-l'y-laisse Was so geheimnisvoll klingt, ist nichts anderes als ein spezielles, filetartiges Fleischstück vom Hühnerrücken. Wörtlich übersetzt bedeutet der Name so viel wie „Ein Narr, der es liegen lässt". In der deutschen Sprache gibt es dafür die Begriffe „Pfaffenschnittchen" oder „Auster vom Huhn". Es ist jenes Stück am hinteren Teil des Rückgrates über den Keulen, dessen Fleisch dunkler ist als das Keulen- bzw. Brustfleisch. In Frankreich gilt es als das beste Fleisch des Huhnes, da es sehr zart und von intensivem Geschmack ist. Es kann sowohl kurz gebraten als auch geschmort werden, ohne dass es an Konsistenz verliert.

Zutaten für 6 Portionen

350 g Sot-l'y-laisse*
2 EL Olivenöl
125 ml Geflügeljus*
Salz
Pfeffer

Eierschwammerln

150 g kleine Eierschwammerl (Pfifferlinge)
1 Schalotte
Petersilie
1 EL Butter
1 EL Olivenöl
Salz
Pfeffer

Garnelen

6 Garnelen
3 EL Olivenöl
1 Thymianzweig
1 ungeschälte Knoblauchzehe
Salz
Pfeffer

* *Ersatzweise Fleisch von Hühnerkeulen*

** *Im gut sortierten Lebensmittelhandel erhältlich*

Eierschwammerl putzen, kurz und gut waschen und trockentupfen. Schalotte schälen und fein hacken. Petersilienblättchen fein hacken (man benötigt davon ca. 1 TL voll). Schwammerl in einer Mischung aus Olivenöl und Butter anbraten. Schalotten einrühren, noch kurz braten, Petersilie einrühren und alles mit Salz und Pfeffer würzen.

Hühnerfleisch sauber putzen und in dicke, aber mundgerechte Stücke schneiden. In einer Pfanne Olivenöl erhitzen, Hühnerfleisch einlegen und unter mehrfachem Wenden bei mäßiger Hitze ein paar Minuten braten. Jus zugießen, Hühnerfleisch darin mehrfach wenden und glacieren, mit Salz und Pfeffer würzen.

Garnelen putzen: Köpfe mit einer Drehbewegung ablösen, die Krustenteile von den dickeren Teilen der Schwänze entfernen, die dekorativen Teile an den Enden der Schwänze dranlassen. Garnelenschwänze an der Oberseite der Länge nach einschneiden und die Därme herausziehen oder ausschaben. Garnelen in einer Pfanne mit Olivenöl bei kräftiger Hitze kurz und leicht farbgebend braten. Zwecks Parfümierung auch Thymian und Knoblauch in die Pfanne geben. Garnelen salzen und pfeffern.

Sot-l'y-laisse mit Garnelen, Schwammerln und Jus anrichten. Eventuell auch ein paar Tropfen von bestem Olivenöl auf die Teller träufeln. Dazu passen Ricotta-Ravioli wie im Rezept auf Seite 114 beschrieben.

Glacierter Schweinsbauch mit gebratenen Calamari und Bachkresse-Spinat

Zutaten für 6 Portionen

500 g Bauch vom Jungschwein
1 l Hühnersuppe
60 ml Weißweinessig
Salz
Pfefferkörner
2 Lorbeerblätter
125 ml Kalbsjus*

Calamari

150 g Calamari
3 EL Olivenöl
1 Knoblauchzehe
Salz
Pfeffer
Cayennepfeffer

Kräuterspinat

200 g Blattspinat
200 g Kräuter wie Bachkresse, Petersilie, Estragon, Kerbel ...
2 Schalotten
2 EL Olivenöl
100 ml Schlagobers (Sahne)
ca. 60 ml Geflügelfond*
100 g braune Butter
Salz
Pfeffer
Cayennepfeffer

** Im gut sortierten Lebensmittelhandel erhältlich*

Schweinsbauch waschen und in Hühnersuppe mit Essig, Salz, ein paar Pfefferkörnern und den Lorbeerblättern weichkochen (dauert ca. 45 Minuten). Fleisch aus dem Fond heben, beschweren und auskühlen lassen.

Calamari waschen und putzen (das darin verborgene Chitinblättchen – das so genannte Schwert – entfernen). Calamarituben mehrfach einschneiden oder in Stücke schneiden. Calamari in einer beschichteten Pfanne mit Olivenöl scharf braten, gepressten Knoblauch einrühren, mit Salz, Pfeffer und Cayennepfeffer würzen.

Blattspinat putzen und gut waschen. Von den Kräutern die Blättchen abzupfen und waschen. Beides gut abtropfen lassen. Schalotten schälen, fein hacken und in Olivenöl anschwitzen. Spinat und Kräuter zugeben, mit Obers und Geflügelfond aufgießen. Spinat und Kräuter 1 Minute köcheln, dann fein pürieren.

Butter bis zur leichten Braunfärbung erhitzen. Sofort in ein kaltes Gefäß gießen, damit sie nicht nachbräunt und verbrennt. Spinat mit brauner Butter, Salz, Pfeffer und Cayennepfeffer abschmecken.

Schweinsbauch in gefällige Stücke schneiden, in Jus wärmen, mit den gebratenen Calamari und dem Kräuterspinat anrichten und mit heißem Jus überziehen. Eventuell mit Kräutern und gebratenen Tomaten sowie Saucenschaum (siehe Rezept auf Seite 86) dekorieren.

Cayennepfeffer Auch wenn dieses Gewürz das Wort „Pfeffer" in seinem Namen führt, so wird es dennoch nicht aus einem Pfeffergewächs gewonnen. Vielmehr handelt es sich dabei um getrocknete und gemahlene Chilischoten, die einen scharfen und ein wenig rauchigen Geschmack in die Gerichte bringen.

Kalbsbries und Kalbskopf mit Eierschwammerln und Zucchiniblüte

Zutaten für 6 Portionen

ca. 250 g Kalbsbries
200 g gepresster Kalbskopf*
Olivenöl
100 ml Kalbsjus**
Salz
Pfeffer

ZUCCHINIBLÜTE
1 kleiner Zucchino
Olivenöl
Salz
Pfeffer
6 Zucchini mit Blüten
Salz
Pfeffer
2 EL Olivenöl
125 ml Tomatenfond*** oder Gemüsesuppe

EIERSCHWAMMERL
150 g kleine Eierschwammerl (Pfifferlinge)
1 Schalotte
Petersilie
1 EL Butter
1 EL Olivenöl
Salz
Pfeffer

** Die Zubereitung von Kalbskopf ist aufwändig (siehe Anmerkung am Schluss des Zubereitungstextes). Bei manchen Fleischhauern kann man Kalbskopf nach Vorbestellung auch fertig kaufen.*

*** Im gut sortierten Lebensmittelhandel erhältlich*

**** Siehe Rezept Seite 84*

Vom Kalbsbries die Häute abziehen, blutunterlaufene und knorpelige Stellen ausschneiden.

Für jede Portion zwei dünne Scheiben vom Kalbskopf schneiden und auf Teller legen. Den Rest für die Fülle der Zucchiniblüten in kleine Würfel schneiden.

Zucchino putzen, waschen, in kleine Würfel schneiden und in Olivenöl anschwitzen. Zucchinowürfel mit Salz und Pfeffer würzen, mit den Kalbskopfwürfeln vermischen und diese Masse in die Zucchiniblüten füllen.

Bries in Stücke schneiden, in ein wenig Olivenöl rundum farbgebend braten. Mit Jus ablöschen und mehrfach wenden, sodass das Bries schön glaciert wird. Eine oder zwei Minuten im Jus ziehen lassen. Mit Salz und Pfeffer würzen.

In einer Pfanne einen kleinen Schuss Olivenöl erhitzen, Zucchiniblüten bei mäßiger Hitze und unter öfterem Wenden rundum anbraten. Tomatenfond oder Suppe zugießen, Pfanne in den auf 160 °C vorgeheizten Backofen schieben und die Zucchiniblüten 2 bis 3 Minuten schmoren.

Eierschwammerl putzen, kurz und gut waschen und trockentupfen. Schalotte schälen und fein hacken. Petersilienblättchen fein hacken (man benötigt ca. 1 TL voll). Schwammerl in einer Mischung aus Olivenöl und Butter anbraten. Schalotten einrühren, noch kurz braten, Petersilie einrühren und alles mit Salz und Pfeffer würzen.

Bries auf die Kalbskopfscheiben setzen und mit Sauce überziehen. Gefüllte Zucchiniblüten und Eierschwammerl dazugeben.

Der Kalbskopf: Einen halben Kalbskopf gut wässern, mit reichlich Wurzelgemüse und Gewürzen wie für Rindsuppe ca. 3 Stunden kochen. Nach dem Auskühlen die Fleischteile von den Knochen lösen, würzen, in eine Form geben, pressen und kühlen. Die Masse geliert, sodass man den Kalbskopf nach dem Kühlen in Scheiben schneiden kann.

Zucchini Diese ehemals exotische Verwandte des Gemüsekürbisses erfreut sich heute denkbar großer Verbreitung. Ob gekocht, gebraten oder roh, die Zubereitungsmöglichkeiten sind schier grenzenlos. Als besondere Delikatesse gelten Zucchiniblüten, die gerne gefüllt und dann gebraten oder frittiert zubereitet werden.

Potaufeu vom Kalbsfilet mit Gänseleber und Bries

Zutaten für 6 Portionen

Kräuter wie Estragon,
Petersilie, Kerbel,
Zitronenthymian ...
400 g Kalbsfilet
Salz
Pfeffer

Kalbsbries

ca. 250 g Kalbsbries
Olivenöl
100 ml Kalbsjus*
Salz
Pfeffer

Gänseleber

300 g Gänseleber
Salz
Pfeffer
Olivenöl
60 ml Kalbsjus*

Gemüse und Pilze

100 g grüne Bohnen
100 g Navetten
1 Schalotte
150 g Steinpilze
2 EL Olivenöl
125 ml Kalbsjus*
125 ml Hühnersuppe
Weißweinessig
Salz
Pfeffer

** Im gut sortierten Lebensmittelhandel erhältlich*

Bries wie auf Seite 94 beschrieben vorbereiten. Gänseleber wie auf Seite 32 beschrieben putzen und in Scheiben schneiden.

Für das Gemüse Bohnen putzen, Navetten schälen, beides in Salzwasser ca. 2 Minuten kochen. Schalotte schälen und fein hacken. Steinpilze putzen, möglichst wenig oder gar nicht waschen, in Stücke schneiden und in Olivenöl anbraten. Schalotte, Navetten und Bohnen zugeben und kurz rösten. Kalbsjus gemeinsam mit Hühnersuppe erhitzen. Gemüse in den Fond geben, alles mit Essig, Salz und Pfeffer abschmecken.

Für das Filet die Kräuter hacken (man benötigt ca. 3 EL voll). Filet sauber zuputzen (Häute und Fettansätze entfernen), salzen, pfeffern, in den Kräutern wenden und in Frischhaltefolie wickeln. Dieses Päckchen in Alufolie wickeln. Filet im Backofen bei 80 °C sanft garen; für die Garprobe am besten ein Bratenthermometer verwenden: Die Kerntemperatur sollte ca. 50 °C betragen (Garzeit ca. 15 Minuten; stark variabel wegen der verschiedenen Durchmesser der Filets).

Bries in Stücke schneiden, in ein wenig Olivenöl bei milder Hitze ca. 5 Minuten braten. Mit Jus ablöschen und mehrfach wenden, sodass es schön glaciert ist. Eine oder zwei Minuten im Jus ziehen lassen. Mit Salz und Pfeffer würzen.

Gänseleber salzen, pfeffern und in einer beschichteten Pfanne mit ganz wenig Öl bei mäßiger Hitze auf beiden Seiten leicht farbgebend braten; das dauert nur 10 bis 30 Sekunden pro Seite; die Gänseleber soll innen recht saftig bleiben, aber doch durchgewärmt werden. Gänseleber aus der Pfanne heben. Jus erhitzen, Gänseleber darin wenden.

Filet aus den Folie wickeln, in Scheiben schneiden und mit Bries, Gänseleber, Gemüse und Fond anrichten. Sehr gut passt in diesen eleganten Eintopf auch Kalbskopf.

Navette Die kleinen weißen Rüben sind ein besonders delikates und vor allem in Frankreich sehr beliebtes Wurzelgemüse. Navetten haben nach der Verbreitung der Kartoffel in unserer Küche zu Unrecht stark an Bedeutung verloren. Die auch Mairübe genannte Frucht bietet einen angenehm milden Geschmack und ist auch reich an Vitaminen. Navetten eignen sich vor allem zum Dünsten und Kochen, gebraten sind sie weniger attraktiv.

Geschmorter Ochsenschwanz mit Paprika und Burrata

Zutaten für 6 Portionen

1 ,5 kg Ochsenschwanz vom dicken Ende (in Stücke geschnitten)
Salz
Pfeffer
glattes Weizenmehl
Olivenöl
6 Zwiebeln
1 Karotte
½ Knolle Sellerie
1 EL Tomatenmark
2 Zweige Thymian
500 ml kräftiger Rotwein
125 ml Portwein
1 l Rindsuppe

Paprika und Burrata

je 6 ganz kleine, rote und gelbe Paprika
Olivenöl
Salz
1 Stk. Burrata*
Pfeffer
Kräuter für das Dekorieren

** Ein italienischer Frischkäse*

Ochsenschwanz salzen, pfeffern, in Mehl wenden, in Olivenöl rundum farbgebend anbraten und aus dem Topf heben.

Zwiebeln schälen und in Spalten schneiden. Karotte und Sellerie schälen und in Scheiben oder Stücke schneiden. Einen Schuss Olivenöl erhitzen, Zwiebeln darin goldbraun anschwitzen. Wurzelgemüse und Tomatenmark einrühren und kurz mitrösten. Ochsenschwanz und Thymian dazugeben, mit Rot- und Portwein ablöschen und mit Rindsuppe aufgießen. Ochsenschwanz im Backofen bei 180 °C schmoren, bis sich das Fleisch von den Knochen und Knorpeln lösen lässt (dauert 2 bis 3 Stunden). Ochsenschwanz aus der Sauce heben, Sauce durch ein Sieb gießen. Sauce mit Salz und Pfeffer abschmecken. Ochsenschwanzfleisch von den Knochen lösen und in der Sauce warmhalten.

Paprika mit Olivenöl einstreichen und im Backofen bei 180 °C braten, bis die Haut Blasen bildet und sich abziehen lässt. Paprika schälen und salzen. Das Innere der Burrata salzen, pfeffern und mit Olivenöl beträufeln oder die Burrata so gut es geht mit der festen Haut in Sechstel schneiden.

Ochsenschwanzstücke mit Sauce und geschmorten Paprika auf Teller geben. Marinierte Burrata dazugeben und mit Kräutern dekorieren. Besonders attraktiv kann man die Burrata im Parmesanchip präsentieren: Dafür möglichst große Scheiben vom Parmesanblock hobeln, auf einen ofenfesten gewölbten Gegenstand legen und im Backofen bei 160 °C Oberhitze leicht farbgebend erhitzen, bis der Parmesan zu schmelzen beginnt.

Ochsenschwanz Dieser Teil des Rindes, der in Österreich auch Ochsenschlepp genannt wird, besteht aus vielen Knorpelteilen und wenig Fleisch, das dafür kernig und fest ist. Das Besondere ist aber der hohe Gehalt des Schwanzes an Kollagen, das durch langes Schmoren in Gelatine umgewandelt wird und dem Fleisch eine natürliche Bindung verleiht. Das Fleisch lässt sich übrigens leichter von Knorpeln und Knochen lösen, solange der Ochsenschwanz noch warm ist.

Fisch

Saiblingsfilet im Baguette mit Kohlrabi und lauwarmen Tomaten

Zutaten für 6 Portionen

1/2 Baguette
800 g Saiblingsfilets (ohne Haut)
Salz
Pfeffer
Pflanzenöl

Kohlrabi

2 Kohlrabi (Kohlrüben)
250 ml Hühnersuppe
1 mehlige Kartoffel
Salz
Pfeffer
Zitronensaft

Tomaten

150 g kleine Tomaten
Salz
Olivenöl

Baguette tiefkühlen.

Tomaten halbieren oder vierteln, salzen, mit Olivenöl beträufeln und im Backofen bei 60 °C etwa 30 Minuten temperieren.

Kohlrabi schälen, in Würfel schneiden und in Geflügelsuppe weich kochen. Kohlrabi aus der Suppe nehmen. Kartoffel schälen und fein reiben. So viel von der Kartoffel in die Suppe einkochen, dass die Flüssigkeit eine leichte Bindung erhält. Kohlrabi wieder in den Topf geben. Alles mit Salz, Pfeffer und Zitronensaft abschmecken.

Vom Baguette hauchdünne Scheiben schneiden (gelingt am besten mit einer elektrischen Aufschneidemaschine). Aus den Saiblingsfilets die darin verbliebenen Gräten auszupfen, Bauchlappen wegschneiden. Filets in ca. 5 cm breite Stücke schneiden, salzen, pfeffern und in Baguette einschlagen.

In einer beschichteten Pfanne ein wenig Öl erhitzen. Saiblingsfilets auf beiden Seiten bei mäßiger Hitze braten; die Filets sollen im Kern glasig bleiben.

Saiblingsfilets mit Kohlrabi und Tomaten anrichten.

Saibling Dieser zählt zu den edelsten der ohnehin schon edlen Salmoniden und fühlt sich in unseren Alpenseen und -flüssen besonders wohl. Glücklicherweise auch in bestens geführten Teichwirtschaften, weshalb Zuchtsaibling zu annehmbaren Preisen und weitgehend saisonunabhängig erhältlich ist.

Im Karottenfond pochiertes Forellenfilet mit Flusskrebsen, Butternockerln und Kren

Jungzwiebeln werden sehr bald nach dem Austreiben mit den Blättern geerntet. Die Knollen sind daher nicht vollständig entwickelt, klein und viel milder im Geschmack als die der üblichen Gemüsezwiebeln. Jungzwiebeln werden auch als Lauchzwiebeln oder Junglauch bezeichnet, was in die Irre führen kann. Lauch ist eine völlig andere Pflanze, und wo in den Rezepten z. B. zwei Jungzwiebeln verlangt sind, würde die Verwendung von zwei Stangen Lauch (oder Porree) zu unbefriedigenden Ergebnissen führen.

Zutaten für 6 Portionen

6 Forellenfilets à 120 g
12 Mini-Karotten
6 Jungzwiebeln
Salz
Schnittlauch
Kren (Meerrettich)

Flusskrebse

siehe Seite 36

Butternockerl

siehe Seite 54

Karottenfond

6 Karotten
2 EL Weißweinessig
500 ml Hühnersuppe
4 Eiklar (Eiweiß)
Salz
Pfeffer

Krebse wie auf Seite 24 beschrieben vorbereiten.

Butternockerl wie auf Seite 46 beschrieben zubereiten.

Für den Fond Karotten putzen und schälen, mit Hilfe einer Küchenmaschine hacken, mit Weißweinessig, Hühnersuppe und Eiklar vermischen und alles langsam aufkochen. Nach dem Aufkochen der Flüssigkeit den Topf von der Hitze nehmen. Karotten bei bedecktem Topf noch 5 Minuten ziehen lassen. Flüssigkeit durch ein Sieb gießen und mit Salz und Pfeffer kräftig abschmecken.

Minikarotten und Jungzwiebeln putzen und im Karottenfond weichköcheln.

Aus den Forellenfilets die darin verbliebenen Gräten auszupfen, Bauchlappen wegschneiden. Filets im heißen Karottenfond 3 bis 4 Minuten ziehen lassen und aus dem Fond heben.

Karotten, Zwiebeln und Krebse im Karottenfond wärmen. Forellenfilets mit Krebsen, Butternockerln und Fond in Teller geben. Mit geschnittenem Schnittlauch und frisch gerissenem Kren (Meerrettich) bestreut servieren.

Gebratenes Zanderfilet auf Selleriecreme

Zutaten für 6 Portionen

800 g Zanderfilets
3 EL Pflanzenöl
1 Thymianzweig
etwas Butter

Braune Butter
150 g Butter
125 ml Kalbsjus*
Salz
Pfeffer

Selleriecreme
350 g Knollensellerie
2 Schalotten
Butter
ca. 150 ml g Schlagobers (Sahne)
ca. 150 ml Hühnersuppe
Salz
Pfeffer
Cayennepfeffer

Blattspinat
200 g Blattspinat
1 Schalotte
2 TL Butter
Salz
Pfeffer
Muskatnuss

** Im gut sortierten Lebensmittelhandel erhältlich*

Die braune Butter zubereiten. Dafür Butter bis zur leichten Braunfärbung erhitzen, Kalbsjus zugießen, mit Salz und Pfeffer würzen und schaumig aufmixen.

Sellerie schälen und in Stücke schneiden. Schalotten schälen und hacken. Schalotten und Sellerie in Butter anschwitzen, mit so viel Obers und Hühnersuppe zu gleichen Teilen aufgießen, dass die Selleriestücke bedeckt sind. Sellerie weich kochen. Einen Teil der Flüssigkeit abgießen, Sellerie fein pürieren und so viel von der Kochflüssigkeit wieder einmixen, dass ein cremiges Püree entsteht. Püree mit Salz, Pfeffer und Cayennepfeffer abschmecken.

Blattspinat putzen und gut waschen. Schalotte schälen, fein hacken und gemeinsam mit dem Spinat in ein wenig Butter dünsten, bis die Spinatblätter zusammengefallen sind. Spinat mit Salz, Pfeffer und geriebener Muskatnuss abschmecken.

Aus den Zanderfilets die darin verbliebenen Gräten auszupfen, Bauchlappen wegschneiden. Filets in 6 oder 12 Stücke schneiden, trockentupfen, salzen und pfeffern.

In einer beschichteten Pfanne ein wenig Olivenöl erhitzen, Zanderfiletstücke mit der Hautseite nach unten einlegen und bei mäßiger Hitze braten. Während des Bratens immer wieder Bratfett auf die Oberseite der Stücke schöpfen. Filets so lange braten, bis an der Oberseite nur noch ein glasiger Fleck zu erkennen ist. Ein kleines Stück Butter und Thymian in die Pfanne geben. Zanderfiletstücke wenden, Pfanne von der Hitze nehmen und die Zanderfiletstücke noch ein wenig in der Pfanne lassen.

Selleriecreme auf Teller geben. Blattspinat in die Mitte setzen, Zanderfiletstücke darauf platzieren. Rundum frisch aufgeschäumte braune Butter ziehen.

Sellerieknolle Als fixer Bestandteil des Suppengrüns hat die Knollensellerie ihren traditionsreichen Platz in der Wiener Küche. Die Sellerie hat aber noch weitere Meriten, als nur der Rindsuppe Körper und Gemüsekraft zu geben. Als Bestandteil der Rohkost erweist sie sich ebenso nützlich wie als Grundstoff für Pürees, die ganz wunderbar zu dunklem Fleisch und Wildgerichten passen. Nicht zuletzt schätzt man – zumal als Vegetarier – gebackene Sellerie. Wie auch immer: Eine Würze durch Zitronensaft tut der Knollensellerie gut, und die Blätter an den Knollen haben mindestens so viel Aromakraft wie die Knollen selbst, weshalb man sie – fein geschnitten – am Ende der Garzeit den Gerichten beigeben kann und sollte. Was man nicht tun sollte: Sellerieknollen mit Obst aufbewahren, da sich dabei die Haltbarkeit der Sellerie verkürzt.

Gebratener Zanderschwanz mit Topinambur-Schalottenpüree und Blattspinat

Zutaten für 6 Portionen

6 Schwanzstücke vom Zander à 300 g
Olivenöl
150 g Butter
Salz
Pfeffer

Topinamburpüree
200 g Topinambur
3 Schalotten
2 EL Olivenöl
20 g Butter
40 ml Sherry
250 ml Hühnersuppe
1 El Crème fraîche
Salz
Pfeffer
Cayennepfeffer
Muskatnuss
Zitronensaft

Blattspinat
100 g Blattspinat
1 Schalotte
2 TL Butter
Salz
Pfeffer
Muskatnuss
Evtl. 3 Knoblauchzehen

Für das Püree Topinambur waschen, bürsten und in Stücke schneiden. Schalotten schälen und hacken. Schalotten und Topinambur in einer Mischung aus Olivenöl und Butter leicht anbraten. Mit Sherry und Hühnersuppe aufgießen und darin weich kochen. Crème fraîche einrühren und alles fein pürieren. Mit Salz, Pfeffer, Cayennepfeffer, geriebener Muskatnuss und Zitronensaft abschmecken.

Blattspinat putzen, waschen und gut abtropfen lassen. Schalotte schälen und fein hacken. In einem Topf Butter bis zum Aufschäumen erhitzen, Schalotte anschwitzen, Spinat zugeben und garen, bis die Blätter zusammengefallen sind. Mit Salz, Pfeffer und geriebener Muskatnuss abschmecken.

Zanderschwänze im Abstand von ca. 1 cm schräg einschneiden (schröpfen), mit Salz und Pfeffer würzen und in einer beschichteten Pfanne mit Olivenöl auf beiden Seiten braten, bis die Haut knusprig ist. Danach in den Backofen schieben und bei 180 °C ca. 15 Minuten garen. Nach halber Garzeit wenden. Zur Bemessung der Garzeit das Fleisch des Zanderschwanzes am dicken Ende mit zwei Gabeln öffnen und den Garzustand am Rückgrat prüfen; im Innersten sollten die Zanderschwänze glasig bleiben. Kurz vor Ende der Garzeit Butter zu den Zanderschwänzen geben.

Zanderschwänze mit Püree und Blattspinat anrichten. Mit schaumig-heißer Butter überziehen. Dazu passen auch Topinamburchips. Dafür Topinambur gut waschen, bürsten und trockentupfen, in dünne Scheiben schneiden und in Pflanzenöl frittieren.

Zander Dieser Süßwasser-Raubfisch ist auch als Fogosch oder Schill bekannt, gehört zur Gattung der Barsche und lebt vorzugsweise in langsam strömenden Flüssen oder in Seen. In den letzten Jahren ist der Zander dank seines grätenarmen, festen Fleisches immer beliebter geworden. Frischen Zander (und Fisch im Allgemeinen) erkennt man an den klaren Augen, der glänzenden Haut und natürlich am Geruch: Wenn Fisch auffällig stark nach Fisch riecht, lässt man davon die Finger.

In Tomatenöl pochiertes Doradenfilet mit Rucolafond und Steinpilzen

Zutaten für 6 Portionen

6 Doradenfilets
Salz
Pfeffer

Tomatenöl

500 ml Olivenöl
500 g Tomaten
1 Bund Basilikum

Rucolafond

150 g Rucola
350 ml Hühnersuppe
1 mehlige Kartoffel
Salz
Pfeffer
Cayennepfeffer
Muskatnuss
Zitronensaft

Steinpilze

150 g kleine Steinpilze
1 Schalotte
Petersilie
2 EL Olivenöl
Salz
Pfeffer
Zitronensaft

Für das Tomatenöl Tomaten und Basilikum schneiden oder hacken. Tomaten und Basilikum im mäßig erhitzten Olivenöl ca. 20 Minuten ziehen lassen. Öl mit Tomaten und Basilikum auskühlen lassen und durch ein Sieb gießen.

Für den Fond Rucola waschen und fein hacken (z. B. auch mit Hilfe einer Küchenmaschine). Suppe aufkochen, Rucola einrühren und ein Mal aufkochen. Rucola in der Suppe abkühlen lassen. Fond durch ein Sieb gießen. Kartoffel schälen und fein reiben. Fond nochmals erhitzen, so viel von der geriebenen Kartoffel einkochen, dass sich eine leichte Bindung ergibt. Fond mit Salz, Pfeffer, Cayennepfeffer, geriebener Muskatnuss und Zitronensaft abschmecken.

Steinpilze putzen, möglichst wenig oder gar nicht waschen und in dicke Scheiben oder Stücke schneiden. Schalotte schälen und fein hacken. Petersilienblättchen fein hacken (man benötigt davon ca. 1 TL voll). Pilze und Schalotte in Olivenöl farbgebend braten, Petersilie einrühren, alles mit Salz, Pfeffer und Zitronensaft abschmecken.

Aus den Doradenfilets die darin verbliebenen Gräten auszupfen. Doradenfilets in das mäßig erwärmte Tomatenöl einlegen (60 °C wären passend) und sanft garen (dauert ca. 5 Minuten). Filets aus dem Öl heben und mit Salz und Pfeffer würzen.

Doradenfilets mit Rucolafond und Steinpilzen anrichten.

Rucola Dieser Salat ist bei uns seit Jahrhunderten als Rauke bekannt, aber richtig populär mit der phänomenalen Verbreitung der italienischen Küche geworden. Wegen des intensiven, leicht bitteren Geschmacks wird Rucola oft als Würzmittel und zur Belebung milderer Salate eingesetzt, dem Risotto und der Pasta beigegeben oder sogar als Pizzabelag verwertet.

Gebratenes Rotbarbenfilet mit Olivenpaste im Paprikafond

Zutaten für 6 Portionen

Filets von 6 Rotbarben
Salz
Pfeffer
3 EL Pflanzenöl

OLIVENPASTE
100 g schwarze Oliven (entkernt)
Olivenöl
Meersalz
Cayennepfeffer
Zitronensaft

PAPRIKAFOND
3 mittelgroße Paprika in verschiedenen Farben (bevorzugt rot und gelb)
2 Schalotten
3 EL Olivenöl
20 ml Weißwein
20 ml trockener Wermut (z. B. Noilly Prat)
500 ml Tomatenfond (siehe Seite 84)
5 Basilikumblätter
Salz
Pfeffer

Für die Olivenpaste Oliven mit einem Schuss Olivenöl in einer Küchenmaschine nur so kurz pürieren, dass Olivenstückchen spürbar bleiben. Paste mit Salz, Cayennepfeffer und Zitronensaft abschmecken.

Paprika putzen und in Stücke von ca. 1 cm Kantenlänge schneiden. Schalotten schälen und fein hacken. Paprika und Schalotten in Olivenöl leicht anschwitzen. Mit Weißwein, Wermut und Tomatenfond ablöschen. Basilikum zugeben und die Paprika köcheln, bis sie weich sind. Alles mit Salz und Pfeffer abschmecken. Basilikum aus dem Fond nehmen.

Aus den Rotbarbenfilets die darin verbliebenen Gräten auszupfen, Bauchlappen wegschneiden. Rotbarbenfilets gut trockentupfen, salzen und pfeffern. In einer beschichteten Pfanne Öl erhitzen, Rotbarbenfilets mit der Haut nach unten einlegen und braten. Während des Bratens immer wieder Bratfett auf die Oberseite der Rotbarbenfilets schöpfen. Filets so lange braten, bis die Haut knusprig und an der Oberseite nur noch ein glasiger Fleck erkennbar ist.

Paprika und Fond in Teller schöpfen. Rotbarbenfilets in den Fond geben und auf jedes Filet einen Streifen Olivenpaste platzieren.

Roter Paprika Erstaunlicherweise handelt es sich dabei um eine Züchtung, die noch relativ jung ist! Die große Beliebtheit der roten Paprika ergibt sich zu einem beträchtlichen Teil gewiss aus der appetitlichen Farbe, andererseits weisen sie auch einen attraktiven, süßlich-milden Geschmack auf. Und wer auch auf gesundheitliche Aspekte Wert legt, findet für rote Parika ein weiteres Argument: von allen Sorten bringen diese am meisten Vitamin-C.

Gebratene Rotbarbe auf marinierten Tomaten mit Zucchini

Zutaten für 6 Portionen

6 Rotbarben
Basilikum
Salz
Pfeffer
Pflanzenöl

Tomatenfond
siehe Rezept Seite 84

Ricotta-Ravioli
60 g griffiges Weizenmehl
30 g Hartweizengrieß
1 EL Olivenöl
4 Eidotter
100 g Ricotta
Salz
Pfeffer

Marinierte Tomaten
Je 1 gelbe, rote und grüne Tomate
Salz
Pfeffer
Zitronensaft
Olivenöl

Zucchini
Je 1 kleiner gelber und grüner Zucchino
2 EL Olivenöl
Salz
Pfeffer

Tomatenfond wie auf Seite 84 beschrieben zubereiten.

Für die Ravioli Teig wie auf Seite 86 beschrieben zubereiten. Ricotta mit Salz und Pfeffer abschmecken. Ravioli wie auf Seite 114 beschrieben fertigstellen und kochen.

Tomaten in dünne Scheiben schneiden, nebeneinander auflegen, mit Salz und Pfeffer bestreuen und mit Zitronensaft und Olivenöl beträufeln.

Rotbarben filetieren, so dass die Filets am Schwanz zusammenhängend bleiben: Dafür mit einem scharfen, schlanken Messer zu beiden Seiten des Rückgrats bis zum Schwanz schneiden, Rückgrat kurz vor dem Schwanz durchschneiden (am besten mit einer Küchenschere). Die in den Filets verbliebenen Gräten vor allem an der Bauchseite wegschneiden bzw. auszupfen (Achtung: Das ist bei den kleinen Rotbarben ein heikler Arbeitsschritt, eventuell kann diesen auch der Fischhändler erledigen). Zwischen die Filets der Rotbarben Basilikumblätter legen.

Zucchini putzen, waschen und in möglichst dünne Scheiben schneiden (am besten mit Hilfe eines Gemüsehobels). Zucchinischeiben in einer Pfanne mit Olivenöl beidseitig kurz braten und mit Salz und Pfeffer würzen.

Rotbarben gut trockentupfen, salzen, pfeffern und auf beiden Seiten in einer beschichteten Pfanne mit heißem Öl braten, so dass die Haut knusprig wird (dafür ist das Trockentupfen der Haut vor dem Einlegen in die Pfanne unbedingt erforderlich; feuchter Fisch klebt am Pfannenboden).

Marinierte Tomaten und Zucchinischeiben auf Teller legen, Barben und Ravioli dazugeben, Tomaten, Ravioli und Zucchini mit heißem Fond überziehen.

Tomate Kaum einem anderen Gemüse ist in den letzten Jahren eine so merkliche Qualitätsverbesserung zuteil geworden wie der Tomate. Nach Jahrzehnten der überwiegenden Geschmacklosigkeit hat man sich wieder der Aromatik alter Sorten besonnen. Auch kritische Konsumenten können nun wieder einen großen Teil des Jahres akzeptable Tomaten erwerben und damit schmackhafte (und nicht nur farbenfrohe) Gerichte zubereiten.

Gebratenes Petersfischfilet mit schwarzen Nüssen und Sellerie im Petersilienfond

Schwarze Nüsse Diese Nüsse wachsen nicht in der Natur, sondern entstehen erst durch küchentechnische Veredelung. Ausgangsprodukt sind junge, grüne Nüsse, deren Kerne noch nicht verholzt sind. Diese werden mehrfach eingestochen, gewässert, überkocht, in Zuckerwasser gekocht und zuletzt in Zuckersirup eingelegt. Da diese Prozedur aufwändig ist und passend grüne Nüsse nur ganz kurze Zeit verfügbar sind, ist es nützlich, dass schwarze Nüsse im gut sortierten Delikatessenhandel fertig gekauft werden können. Schwarze Nüsse passen zu Fleischgerichten, zu Wild, Käse und sogar zu Desserts.

Zutaten für 6 Portionen

5 schwarze Nüsse*
100 g Walnusskerne
Filets von 3 Petersfischen
(mit der Haut; gesamt ca. 700 g)
Salz
Pfeffer
Olivenöl
Pommery-Senf
100 g Butter

Sellerie

250 ml Hühnersuppe
1 Bund Petersilie
1 kleine Knolle Sellerie
1 mehlige Kartoffel
Salz
Pfeffer
Zitronensaft

** Kann man im sehr gut sortierten Lebensmittelhandel kaufen oder selbst herstellen*

Für die Sellerie Petersilie waschen und kleinschneiden. Petersilie in Hühnersuppe ca. 15 Minuten köcheln. Fond durch ein Sieb gießen.

Sellerie schälen, in wallnusskerngroße Stücke schneiden und im Fond weichkochen. Fond durch ein Sieb gießen. Kartoffel schälen und fein reiben. So viel von der Kartoffel in den Fond einkochen, dass die Flüssigkeit eine leichte Bindung erhält. Sellerie wieder in den Fond geben. Alles mit Salz, Pfeffer und Zitronensaft abschmecken.

Schwarze Nüsse mit kaltem Wasser abwaschen und fein hacken. Walnusskerne ebenfalls fein hacken.

Petersfischfilets auf den Hautseiten im Abstand von ca. 1 cm schräg einschneiden (schröpfen), trockentupfen, mit Salz und Pfeffer würzen und in einer beschichteten Pfanne mit Olivenöl bei kräftiger Hitze auf den Hautseiten anbraten. Filets wenden, sodass die Haut oben ist, Pfanne in den Backofen schieben und die Filets bei 160 °C ein paar Minuten ziehen lassen (die Filets sollen innen glasig bleiben).

Butter erhitzen. Filets aus dem Backofen nehmen, auf den Hautseiten mit Pommery-Senf bestreichen und mit gehackten Nüssen bestreuen. Filets mit Butter beträufeln und im Backofen bei starker Oberhitze kurz gratinieren.

Petersfischfilets mit Sellerie und Fond anrichten. Dazu passen Kartoffelgnocchi.

In der Olivenkruste gebratenes Wolfsbarschfilet mit Artischocken-Fenchel-Ragout

Zutaten für 6 Portionen

800 g Wolfsbarschfilets
Salz
Pfeffer
Olivenöl

Ragout
4 kleine Artischocken
Zitronensaft
2 kleine Fenchelknollen
Olivenöl
40 ml Weißwein
20 ml trockener Wermut (z. B. Noilly Prat)
250 ml Hühnersuppe
3 Sternanis
1 mehlige Kartoffel
Salz
Pfeffer

Olivenkruste
100 g schwarze Oliven (ohne Kerne)
100 g Weißbrotbrösel
200 g Butter
Salz
Pfeffer
Cayennepfeffer

Für das Ragout die Artischocken putzen: Blätter ablösen, das Heu von den Artischockenböden schaben, Stiele auf ca. 2 cm Länge kürzen. Stiele und Böden sauber zuputzen und mit Zitronensaft einreiben, damit sie möglichst wenig verfärben.

Fenchelgrün von den Knollen zupfen und hacken. Fenchel putzen und in schlanke Spalten schneiden. Artischockenböden in ebensolche Spalten schneiden. Artischocken und Fenchel in Olivenöl anschwitzen, mit Weißwein, Wermut und Hühnersuppe aufgießen, Sternanis zugeben und das Gemüse dünsten, bis es weich ist. Kartoffel schälen, reiben und zwecks Bindung in den Fond einkochen. Ragout mit Salz und Pfeffer abschmecken, Fenchelgrün einrühren.

Für die Kruste Oliven fein hacken. Butter cremig rühren, mit Oliven und Bröseln vermischen, mit Salz, Pfeffer und Cayennepfeffer abschmecken.

Aus den Wolfsbarschfilets die darin verbliebenen Gräten auszupfen, Bauchlappen wegschneiden. Filets in Portionsstücke schneiden, trockentupfen, salzen und pfeffern.

In einer beschichteten Pfanne ein wenig Olivenöl erhitzen, Wolfsbarschfilets mit der Hautseite nach unten einlegen und bei mäßiger Hitze braten. Während des Bratens immer wieder Bratfett auf die Oberseite der Wolfsbarschstücke schöpfen. Wolfsbarsch nicht ganz fertig braten, die Fischstücke sollten an der Oberseite noch gut glasig sein. Wolfsbarschstücke aus der Pfanne heben, Haut abziehen.

Auf die glasige Seite der Fischstücke ca. 3 mm dick die Buttermasse auftragen. Wolfsbarschfilets in den vorgeheizten Backofen schieben und bei starker Oberhitze farbgebend gratinieren. Wolfsbarschfilets mit Artischocken-Fenchel-Ragout servieren.

Wolfsbarsch Dieser delikate Fisch ist Feinschmeckern auch als Loup de mer oder Branzino bekannt und zu einem der beliebtesten Fische der Mittelmeerküche avanciert. Der Grund dafür ist sein wohlschmeckendes und festes Fleisch und die damit verbundene vielseitige Verwendbarkeit. Der Fisch lässt sich wunderbar schmoren, im Salzmantel backen, in der Pfanne braten oder auch grillen. Seit einigen Jahren wird der Wolfsbarsch sehr erfolgreich gezüchtet und ist somit auch vom Preis her attraktiv.

Im Ganzen geschmorter Wolfsbarsch mit Fenchel

Mini-Fenchel Es handelt sich dabei um eine Züchtung, die nicht nur kleiner als der übliche Fenchel ist, sondern auch einen feineren Geschmack aufweist. Fenchel ist ein typisch mediterranes Gemüse und passt daher besonders gut zu Fisch. Auch auf die Verwendung des Fenchelkrautes sollte nicht verzichtet werden, da dieses ein intensives Aroma gibt und auch optisch die Gerichte aufwertet.

Zutaten für 8 Portionen

1 Wolfsbarsch mit ca. 2 kg
(ersatzweise 2 Fische à 1 kg)
Kräuter wie Basilikum und Thymian
Salz
Pfeffer

Fenchel

4 kleine Fenchelknollen
6 EL Olivenöl
40 ml Weißwein
40 ml trockener Wermut
(z. B. Noilly Prat)
500 ml Hühnersuppe
4 Sternanis
1 mehlige Kartoffel
Salz
Pfeffer
Zitronensaft

Fenschelgrün von den Knollen zupfen und hacken. Fenchel putzen und in Würfel oder schlanke Spalten schneiden. Fenchel in Olivenöl anschwitzen, mit Weißwein, Wermut und Hühnersuppe aufgießen, Sternanis zugeben und das Gemüse dünsten, bis es weich ist. Kartoffel schälen, reiben und zwecks Bindung in den Fond einkochen. Fenchel und Fond mit Salz, Pfeffer und Zitronensaft abschmecken, Fenchelgrün einrühren.

Wolfsbarsch waschen und innen und außen trockentupfen. Kräuter in die Bauchhöhle geben. Fisch salzen und pfeffern und auf beiden Seiten in Olivenöl kurz anbraten (bei einem großen 2-kg-Fisch wird man das am Backblech tun müssen, 1-kg-Fische passen in die üblichen Bräter). Fond vom Fenchel zum Wolfsbarsch gießen und den Fisch im Backofen bei 160 °C schmoren. Währenddessen immer wieder mit dem Fenchelfond glacieren. Der Fisch ist ausreichend gegart, wenn sich die Rückenflosse aus dem Fleisch ziehen lässt (Garzeit beim großen Fisch ca. 45 Minuten).

Wolfsbarsch am besten bei Tisch portionieren. Heißes Fenchelgemüse als Beilage geben.

Gebratenes Kabeljaufilet mit Cocobohnen, Kräuteröl und Vogerlsalat

Vogerlsalat Eigentlich handelt es sich bei diesem auch als Feld- oder Ackersalat bezeichneten Pflänzchen nicht um Salat, sondern um ein kultiviertes Wildkraut. Charakteristisch ist neben dem leicht nussigen Geschmack die kurze Haltbarkeit und Sensibilität gegenüber Feuchtigkeit. So sollten die Blätter nach dem Putzen und Waschen unbedingt trockengeschleudert werden, denn in nassem Zustand werden die Blätter bei Kontakt mit der Marinade schnell welk.

Zutaten für 6 Portionen

6 Stück vom Kabeljaufilet
à ca. 120 g
3 EL Olivenöl
1 Thymianzweig
Butter

Kräuteröl

Petersilie
Thymian
250 ml Olivenöl

Cocobohnen

siehe Seite 80

Weisse Sauce

siehe Seite 86

Vogerlsalat

100 g Vogerlsalat (Feldsalat)
3 EL Olivenöl
Zitronensaft
Salz
Pfeffer

Für das Kräuteröl Petersilienblätter und Thymianblätter von den Stängeln zupfen (man benötigt jeweils ca. 100 g davon). Petersilie in Salzwasser überkochen, abseihen, eiskalt abschrecken und ausdrücken. Petersilie und Thymian mit Öl fein mixen, Kräutermix in ein Tuch geben, Öl abtropfen lassen und auffangen.

Bohnen und weiße Sauce wie auf den Seiten 80 und 86 beschrieben zubereiten. Salat putzen und waschen.

Aus den Kabeljaufiletstücken eventuell darin verbliebene Gräten auszupfen. Stücke auf den Hautseiten gut trockentupfen, salzen und pfeffern. In einer beschichteten Pfanne Öl erhitzen, Kabeljaufiletstücke mit der Haut nach unten einlegen und braten. Während des Bratens immer wieder Bratfett auf die Oberseite der Filetstücke schöpfen. Filets so lange braten, bis an der Oberseite nur noch ein glasiger Fleck erkennbar ist. Ein kleines Stück Butter und Thymian in die Pfanne geben, Kabeljaufiletstücke wenden, Pfanne von der Hitze nehmen und die Kabeljaufiletstücke noch ein wenig in der Pfanne lassen.

Salat mit Olivenöl, Zitronensaft, Salz und Pfeffer marinieren. Sauce erhitzen und schaumig aufschlagen. Bohnen auf die Teller geben, Kabeljaufilet darauf setzen, Salat dazu geben und alles mit weißem Saucenschaum gefällig dekorieren.

Gebratene Heilbuttschnitte auf Belugalinsen mit geschmorten Zwiebeln

Zutaten für 6 Portionen

700 g Heilbutt (ein möglichst gleichmäßiges Stück)
Salz
Pfeffer
3 EL Pflanzenöl
2 Thymianzweige
4 Basilikumblätter
1 Knoblauchzehe

Heilbutt salzen, pfeffern und in einer Pfanne mit heißem Öl auf der Hautseite anbraten. Heilbutt mit der Hautseite nach oben auf Pergamentpapier setzen, Thymian, Basilikum und Knoblauch dazu geben, Pergament über dem Heilbutt falten und zusammendrehen. Heilbutt bei 160 °C ca. 25 Minuten garen (der Fisch sollte am Rückgrat gut saftig bleiben).

GESCHMORTE ZWIEBELN

12 kleine, weiße Zwiebeln (z. B. Grillzwiebeln)
1 TL Feinkristallzucker
2 EL Weißweinessig
Salz

Zwiebeln schälen (das geht am besten, wenn sie zuvor überkocht wurden). Zucker in einer Pfanne bis zur leichten Braunfärbung erhitzen, Zwiebeln dazugeben, mit Essig ablöschen und salzen. Zwiebeln im Backofen bei 160 °C weich schmoren (dauert ca. 20 Minuten).

LINSEN

1 Karotte
1 Petersilienwurzel
1 Schalotte
1 EL Butter
200 g Belugalinsen
2 EL Balsamicoessig
1 Thymianzweig
1 Lorbeerblatt
500 ml Hühnersuppe
Salz
Pfeffer

Für die Linsen Karotte und Petersilienwurzel schälen und kleinwürfelig schneiden. Schalotte schälen und fein hacken. Linsen in einem Sieb waschen. Schalotte, Karotte und Petersilienwurzel in Butter anschwitzen, Linsen zugeben, mit Balsamicoessig ablöschen, Thymian und Lorbeerblatt zugeben und alles mit Hühnersuppe aufgießen. Linsen weichkochen (dauert ca. 10 Minuten). Linsen mit Salz und Pfeffer abschmecken.

Heilbutt aus dem Papier nehmen, in Portionsstücke schneiden und mit Linsen und Zwiebeln servieren.

Lorbeer Das Laub des echten Lorbeerbaumes hat nichts gemein mit dem indischen Lorbeer, der ein zimtähnliches Aroma hat. In Europa sind getrocknete Lorbeerblätter als Gewürz sehr verbreitet und werden vor allem für Eintöpfe (z. B. Linsen) sowie für Braten verwendet. Natürlich kann man auch frische Blätter zum Würzen verwenden, muss dabei aber beachten, dass deren Aromaentfaltung wesentlich stärker ist als die von getrocknetem Lorbeerlaub.

Fleisch

Confiertes Freilandhuhn mit Honiggurken

Zutaten für 6 Portionen

2 kleine Freilandhühner à 1 kg
Salz
Olivenöl
2 Thymianzweige
2 Rosmarinzweige
2 Schalotten

Sauce
1 Zwiebel
1 Karotte
1 Stange Sellerie
1 Knoblauchzehe
Olivenöl
2 TL Tomatenmark
60 ml Weißwein
500 ml Hühnersuppe
1 mehlige Kartoffel
Salz
Pfeffer

Honiggurken
150 g Honiggurken*
1 Salatgurke
Salz
1 Schalotte
2 EL Olivenöl
Zitronensaft

** Kann man im gut sortierten Lebensmittelhandel kaufen oder selbst herstellen, indem man Salatgurken schält, entkernt, in Stifte schneidet und mit Honig, Ingwer, Apfelessig, Senfkörnern, Salz und Pfeffer schmort.*

Keulen und Brüste von den Hühnern lösen, die Haut auf dem Fleisch lassen. Rest der Hühner hacken oder mit einer Geflügelschere klein schneiden (wird für die Sauce benötigt). Schalotten mit der Schale halbieren oder vierteln. Keulen und Brüste salzen. In einem Topf reichlich Olivenöl auf ca. 60 °C wärmen. So viel Öl nehmen, dass die Hühnerteile damit bedeckt sein werden; das Öl soll merklich warm sein aber nicht so heiß, wie man es für das Braten verwenden würde. Hühnerbrüste und -keulen sowie die Schalotten und Kräuter einlegen und die Hühnerteile ca. 1 Stunde sanft garen (confieren; das bedeutet im Fett garen).

Für die Sauce Zwiebel schälen und hacken, Karotte und Sellerie schälen bzw. putzen und in Stücke schneiden. Die vorbereiteten Hühnerstücke, das Gemüse und den Knoblauch in Olivenöl farbgebend anbraten. Tomatenmark einrühren und kurz mitrösten, mit Wein ablöschen und mit Suppe aufgießen. Saucenansatz eine halbe Stunde köcheln.

Kartoffel schälen und fein reiben. Sauce durch ein Sieb gießen, aufkochen und so viel von der geriebenen Kartoffel einkochen, dass die Sauce eine leichte Bindung erhält. Sauce mit Salz und Pfeffer abschmecken.

Honiggurken in Stücke schneiden. Salatgurke schälen, entkernen und in ebensolche Stücke schneiden. Salatgurkenstücke in Salzwasser überkochen, abseihen, eiskalt abschrecken und abtropfen lassen. Schalotte schälen, fein hacken und in Olivenöl anschwitzen. Gurken zugeben und erhitzen, mit Salz und Zitronensaft abschmecken.

Hühnerstücke aus dem Öl heben, trockentupfen und auf Teller geben. Hühnerteile eventuell nochmals salzen, Sauce dazugießen und das Gurkengemüse als Beilage geben.

Freilandhuhn Freilandhaltung gewährleistet den Hühnern Auslauf, was sie durch ein langsameres Wachstum im Vergleich zu Masthühnern, festeres Fleisch und mehr Geschmack quittieren. Kulinarische Nebeneffekte, die sich mit der artgerechteren Haltung positiv ergänzen, weshalb in der guten Küche den Freilandhühnern vor allen anderen der Vorzug zu geben ist.

Gebratenes Rebhuhn mit Karotten

Zutaten für 6 Portionen

6 Rebhühner à 300–400 g
frische Kräuter wie Thymian, Rosmarin, Majoran und Petersilie
Salz
Pfeffer
200 g Speck (in hauchdünne Scheiben geschnitten)
80 g Butter

Rebhühner innen und außen waschen und trockentupfen. Kräuter und Wacholderbeeren in die Leibeshöhlen füllen. Rebhühner leicht salzen und pfeffern, Rebhuhnbrüste mit Speck belegen. Rebhühner rundum sanft in Butter anbraten. Rebhühner mit den Brustseiten nach oben in den vorgeheizten Backofen schieben. Bei 180 °C braten, dabei ständig mit der Butter übergießen. Die Rebhühner sind ausreichend gebraten, wenn sie sich an den Keulen und Brüsten leicht anstechen lassen und der austretende Saft klar ist. Die Garzeit beträgt ca. 15 Minuten.

Sauce

1 Karotte
1 Stange Sellerie
1 Knoblauchzehe
Butter
1 TL Tomatenmark
60 ml Gin
60 ml weißer Portwein
40 ml Cognac
500 ml Kalbsjus*
1 mehlige Kartoffel
Salz
Pfeffer

** Im gut sortierten Lebensmittelhandel erhältlich*

Für die Sauce Karotte und Sellerie schälen bzw. putzen und in kleine Stücke schneiden. Knoblauch schälen und blättrig schneiden. Schalotte schälen und kleinwürfelig schneiden. Alles in Butter anschwitzen, Tomatenmark einrühren und mitrösten, mit Gin, Portwein und Cognac ablöschen und mit dem Kalbsjus aufgießen. Alles ca. 10 Minuten köcheln, Flüssigkeit durch ein Sieb gießen. Kartoffel schälen, fein reiben und so viel davon in den Saft einkochen, dass er eine leichte Bindung erhält. Sauce mit Salz und Pfeffer abschmecken.

Rebhühner am besten im Ganzen servieren, die Sauce in einer Sauciere zu Tisch bringen. Als Beilagen passen Karotten wie auf Seite 82 und Linsen wie auf Seite 124 beschrieben.

Rebhuhn Früher sehr verbreitet, sind Rebhühner der freien Wildbahn heute zur Rarität geworden. Gezüchtete Rebhühner sind jedoch reichlich und weitgehend saisonunabhängig erhältlich. Um das Alter der Tiere beurteilen zu können, genügt ein Blick auf die Läufe: Sind diese gelblich, hat man es mit einem Jung-Rebhuhn zu tun. Graue Läufe deuten auf Rebhühner höheren Alters.

Gebratene Ente mit Wirsing

Zutaten für 4 Portionen

1 küchenfertige Ente
mit ca. 1,8 kg
1 Stück Ingwer (ca. 1 cm)
Salz
Pfeffer
2 Zwiebeln
2 Äpfel
1 Rosmarinzweig
2 Thymianzweige
1 EL getrockneter Majoran
5 Wacholderbeeren

Sauce

1 Zwiebel
1 Karotte
1 dünne Stange Lauch
50 g Knollensellerie
Pflanzenöl
1 TL Tomatenmark
125 ml Weißwein
40 ml roter Portwein
20 ml Madeira
Saft einer Orange
500 ml Hühnersuppe
1 mehlige Kartoffel
Salz
Pfeffer

Wirsing

1 kleiner Kopf Wirsing
Salz
6 Scheiben Bauchspeck
1 EL Butter
Salz
Pfeffer
Muskatnuss

Von der Ente die Flügel wegschneiden. Ente außen und innen waschen und trockentupfen. Ente innen mit Ingwer einreiben, außen und innen salzen und pfeffern. Zwiebeln schälen und in große Stücke schneiden. Äpfel entkernen und in große Stücke schneiden. Zwiebeln, Äpfel, Rosmarin, Thymian, Majoran und Wacholderbeeren in die Leibeshöhle der Ente füllen.

Ente auf ein Gitter setzen und in den auf 160 °C vorgeheizten Backofen schieben. Ein Backblech unter das Gitter schieben, damit das abtropfende Fett aufgefangen wird (das Braten am Gitter ermöglicht, dass die Ente rundum knusprig wird; Ente nicht übergießen). Die Gardauer beträgt ca. 2 Stunden; die Ente ist ausreichend gegart, wenn sich die Keulen an der dicksten Stelle leicht einstechen lassen und aus den Stichstellen kein Blut mehr austritt.

Für die Sauce Flügel und Hals der Ente in Stücke schneiden. Innereien waschen und in Stücke schneiden. Zwiebel, Karotte, Lauch und Sellerie schälen bzw. putzen und in Stücke schneiden. In einer Pfanne ein wenig Pflanzenöl erhitzen. Entenklein darin anrösten, Gemüse zugeben, Tomatenmark einrühren und ein wenig rösten. Mit Weiß- und Portwein, Madeira und Orangensaft ablöschen, mit Suppe aufgießen. Alles eine halbe Stunde köcheln. Sauce durch ein Sieb gießen, aufkochen und so viel von einer geriebenen Kartoffel einkochen, dass die Sauce eine leichte Bindung erhält. Sauce mit Salz und Pfeffer abschmecken.

Wirsing vierteln, Strunk ausschneiden, Blätter voneinander lösen. Wirsingblätter in Salzwasser ca. 2 Minuten kochen, abseihen, abschrecken und abtropfen lassen. Speck knusprig braten und aus der Pfanne nehmen. Wirsingblätter in Streifen schneiden. In der Pfanne vom Speckbraten mit ein wenig Butter glacieren, mit Salz, Pfeffer und geriebener Muskatnuss würzen. Speck zum Wirsing geben.

Fülle aus der Ente nehmen, Ente portionieren, mit Sauce, Speck und Wirsing servieren.

Anmerkung: Wenn die Rundumknusprigkeit nicht so wichtig ist, kann man die Ente auch in einer Pfanne braten. In diesem Fall Wurzelgemüse und Entenklein mitbraten und nach dem Braten der Ente die Sauce ziehen.

Ente Das Fleisch von artgerecht gehaltenen Tieren ist wesentlich muskulöser, fettärmer und geschmackskräftiger als das von auf engem Raum gezüchteten Tieren, weshalb auch aus kulinarischen Gründen den Freilandenten der Vorzug gegeben werden soll. Neben der Aufzucht ist aber auch das Alter der Enten von Bedeutung. Am saftigsten ist das Fleisch von Tieren mit einem Alter zwischen 3 und 5 Monaten. Derart junge, wenn auch gut ausgewachsene Enten erkennt man durch einen Druck aufs Brustbein: ist es weich und flexibel, hat man es mit einer für die Küche attraktiven Ente zu tun, ist es verknöchert, hat man einen aus küchentechnischer Sicht über Gebühr gealterten Vogel vor sich.

Gebratene Taube mit Sternanis und Chicorée

Chicorée Zu diesem eigenartigen Gemüse sagt man auch Brüsseler Spitzen, womit zum Ausdruck kommt, dass es vor allem in Belgien (und Frankreich) höchst populär ist. Gezüchtet wird Chicorée in abgedunkelten Räumen, wodurch auch die Blätter recht blass bleiben. Frischen Chicorée erkennt man an eben diesen nur gering gefärbten Blättern und eng geschlossenen Blattköpfen. Wenn Chicorée längere Zeit im Licht gelagert wurde, können die Blätter auch eine durchgehend grüne Farbe annehmen, was einhergeht mit der Entwicklung von bitteren Aromastoffen. In diesem Fall befindet sich Chicorée nicht mehr im Idealzustand und es ist empfehlenswert, die Strünke und dicken Blattenden aus- bzw. wegzuschneiden.

Zutaten für 6 Portionen

3 Bresse-Tauben
Salz
Pfeffer
Olivenöl
2 Thymianzweige
2 Rosmarinzweige

Sauce

1 Zwiebel
1 Karotte
1 Stange Sellerie
Olivenöl
1 Knoblauchzehe
2 TL Tomatenmark
20 ml Madeira
20 ml Portwein
60 ml Weißwein
500 ml Hühnersuppe
1 mehlige Kartoffel
Salz
Pfeffer

Chicorée

6 Chicorée
Olivenöl
20 ml weißer Portwein
1 Sternanis
1 TL Butter
Salz

Die Tauben vorbereiten: Keulen vom Rumpf schneiden, Brüste mit den Knochen vom Rücken schneiden. Rückenknochen klein schneiden.

Taubenbrüste salzen, pfeffern und auf den Hautseiten in Olivenöl anbraten. Kräuter und Lorbeerblatt zu den Taubenbrüsten geben, Pfanne in den Backofen schieben und die Taubenbrüste bei 180 °C ca. 5 Minuten garen (das Fleisch soll innen saftig bleiben). Taubenbrüste im abgedrehten und leicht geöffneten Ofen rasten lassen.

Für die Sauce Zwiebel schälen und hacken, Karotte und Sellerie schälen bzw. putzen und in Stücke schneiden Taubenknochen und -keulen in Olivenöl farbgebend anbraten. Gemüse und Knoblauch zugeben und anschwitzen. Tomatenmark einrühren und kurz mitrösten. Alles mit Madeira, Portwein und Weißwein ablöschen und mit Suppe aufgießen und 20 Minuten köcheln.

Kartoffel schälen und fein reiben. Sauce durch ein Sieb gießen, aufkochen und so viel von der geriebenen Kartoffel einkochen, dass die Sauce eine leichte Bindung erhält. Sauce mit Salz und Pfeffer abschmecken.

Chicorée halbieren, auf den Schnittflächen in Olivenöl anbraten und mit Portwein ablöschen. Anis beigeben und die Chicorée in der bedeckten Pfanne weich dünsten. Butter einrühren, Chicorée im Saft wenden und mit Salz würzen.

Taubenbrüste von den Knochen schneiden und in der heißen Sauce wenden. Mit Chicorée als Beilage servieren.

Fasanenbrust mit Wildschinken und Steckrüben

Zutaten für 6 Portionen

6 Fasanenbrüste à 80 g
Salz
Pfeffer
Pflanzenöl
Rosmarin
Thymian
5 Wacholderbeeren
1 EL Butter
100 g Wildschinken (hauchdünn geschnitten)
Petersilie

Sauce

1 Schalotte
1 Stange Sellerie
50 g Champignons
Olivenöl
1 TL Tomatenmark
40 ml Madeira
40 ml Cognac
250 ml Kalbsjus*
Salz
Pfeffer

Steckrüben

200 g Steckrüben
3 Schalotten
1 Karotte
50 g Speck
2 EL Butter
500 ml Hühnersuppe
1 mehlige Kartoffel
Salz
Pfeffer
Cayennepfeffer
Zitronensaft

** Im gut sortierten Lebensmittelhandel erhältlich*

Fasanenbrüste sauber zuputzen, salzen, pfeffern und in einer Pfanne mit ein wenig Öl auf beiden Seiten leicht anbraten. Rosmarin, Thymian, Wacholderbeeren und Butter zugeben. Fasanenbrüste im Backofen bei 160 °C braten, währenddessen ein Mal wenden. Die Fasanenbrüste sollen innen gut saftig bleiben, die Garzeit beträgt ca. 8 Minuten.

Für die Sauce Schalotte schälen und hacken. Sellerie und Champignons putzen, waschen und in Stücke schneiden. Alles in Olivenöl anrösten. Tomatenmark einrühren und kurz mitrösten. Mit Madeira und Cognac ablöschen, mit Kalbsjus aufgießen. Saucenansatz ca. 5 Minuten köcheln. Eventuellen Bratensatz lösen, Flüssigkeit durch ein Sieb gießen und mit Salz und Pfeffer abschmecken. Falls erforderlich, durch Einkochen von einer geriebenen mehligen Kartoffel binden.

Rüben schälen und in Stücke schneiden. Schalotten und Karotten schälen und fein hacken bzw. kleinwürfelig schneiden. Speck ebenfalls kleinwürfelig schneiden. Alles in Butter leicht anschwitzen, mit der Hühnersuppe aufgießen und dünsten, bis die Rüben weich sind. Kurz vor Ende der Garzeit Kartoffel schälen, fein reiben und so viel davon in das Rübengemüse einkochen, dass der Saft eine leichte Bindung erhält. Gemüse mit Salz, Pfeffer, Cayennepfeffer und Zitronensaft abschmecken.

Für die Fertigstellung der Fasanenbrüste Petersilienblättchen in feinste Streifen schneiden (man benötigt davon ca. 1 TL voll). Fasanenbrüste in Wildschinken einschlagen, in Butter mit Petersilie leicht nachbraten, Sauce zugießen und die Brüste in der Sauce wenden. Fasanenbrüste mit Steckrüben anrichten. Als zusätzliche Beilage passt Polenta, wie auf Seite 156 beschrieben, oder Pilze und Grießknödel wie auf Seite 160.

Petersilie Das in unserer Küche omnipräsente Würzkraut will bewusst eingesetzt werden. Petersilie bringt frische Säure in die Gerichte und hat damit eine durchaus belebende Wirkung auf das aromatische Geflecht. Damit sich diese gut entfalten kann, gibt man Petersilie wie die allermeisten anderen Kräuter erst kurz vor Ende des Garprozesses in die Pfannen oder Töpfe, denn durch das Kochen verflüchtigt sich der Petersiliengeschmack. Bei der Sortenwahl gilt: die glatte Petersilie für die Würze, die gekräuselte mit ihrem weit weniger ausgeprägten Duft allenfalls für die Dekoration.

Kaninchen in Senfsauce mit Steinpilzen und Pak-Choi

Kateifiteig, der aufgund seiner Struktur auch „Engelshaar" genannt wird, ist eine Spezialität der griechischen Küche. Er wird üblicherweise für die Zubereitung von Süßspeisen verwendet, kann aber auch in der pikanten Küche vielseitig eingesetzt werden; zum Beispiel für Kaninchen, wie rechts gezeigt, aber auch für die knusprige Umhüllung von Fisch- und Meeresfrüchten. Der Weg zum selbstgemachten Kateifiteig wäre übrigens ein dornenreicher, weshalb man besser (wie auch beim gezogenen Strudelteig) zum Fertigprodukt greifen sollte.

Zutaten für 6 Portionen

1 Kaninchen (ca. 1,5–2 kg)
2 Zwiebeln
1 Karotte
1 Stange Sellerie
Salz
Pfeffer
glattes Weizenmehl
Olivenöl
1 Knoblauchzehe
2 TL Tomatenmark
60 ml Weißwein
250 ml Kalbsjus*
1 EL Pommery-Senf
6 Javapfefferkörner
1 unbehandelte Zitrone
1 Eiklar (Eiweiß)
200 g Kateifiteig*

Steinpilze

100 g Steinpilze
1 Schalotte
1 EL Olivenöl
Salz
Pfeffer
Zitronensaft

Pak-Choi

6 kleine Pack-Choi
Salz
1 EL Butter
1 EL Olivenöl
Pfeffer

** Im gut sortierten Lebensmittelhandel erhältlich*

Kaninchen teilen: Schultern und Keulen vom Rumpf schneiden, das Fleisch des Rückens auslösen. Zwiebeln klein schneiden, Karotte und Sellerie schälen bzw. putzen und in Stücke schneiden.

Kaninchenschultern und -keulen salzen, pfeffern, in Mehl wenden und in Olivenöl farbgebend anbraten. Gemüse und Knoblauch in die Pfanne geben und sanft rösten. Tomatenmark einrühren und kurz mitrösten. Alles mit Wein ablöschen. Wein ein wenig einkochen, Jus zugießen. Kaninchenschultern und -keulen mit Senf einreiben und in den Saucenansatz legen. Pfefferkörner und 1 TL geriebene Zitronenschale dazugeben. Einen Deckel auf den Topf geben, dabei einen guten Spalt unbedeckt lassen. Topf in den Backofen schieben und das Fleisch bei 180 °C garen, währenddessen immer wieder mit Saft übergießen. Falls die Flüssigkeit zu wenig wird, Wasser nachgießen (das Fleisch ist ausreichend gegart, wenn es sich leicht von den Knochen lösen lässt; die Gardauer beträgt ca. 45 Minuten). Kurz vor Ende der Garzeit ein paar Tomaten zugeben und mitschmoren. Kaninchenschultern und -keulen aus dem Topf nehmen, Sauce durch ein Sieb gießen und mit Salz und Pfeffer abschmecken.

Pilze putzen, möglichst wenig oder gar nicht waschen und in Stücke schneiden. Schalotte schälen und fein hacken. Schalotte und Pilze in Olivenöl braten. Mit Salz, Pfeffer und Zitronensaft abschmecken.

Vom Pak-Choi die äußeren Blätter und Wurzelansätze entfernen. Pak-Choi in Salzwasser überkochen, abtropfen lassen, in Olivenöl und Butter schwenken und mit Salz und Pfeffer abschmecken.

Vom Kaninchenrücken die Haut abziehen. Fleisch salzen, pfeffern und mit Eiklar bestreichen. In Kateifiteig einrollen und in Olivenöl bei mäßiger Hitze und unter öfterem Wenden braten, bis der Teig goldbraun ist.

Kaninchenrücken in Scheiben schneiden. Fleisch mit Pilzen und Pak-Choi anrichten, mit Sauce überziehen.

Knuspriger Schweinsschlegel mit Erdfrüchten

Zutaten für 6 Portionen

1,5 kg Schlegel vom Jungschwein
Salz
Thymian
2 Zehen Knoblauch
Pfeffer
125 ml Weißwein
1 l Rindsuppe

Erdfrüchte

5 Schalotten
2 dünne gelbe Rüben
2 Karotten
1 kleine Sellerieknolle
Salz
2 EL Olivenöl
1 EL Butter
1 Knolle Knoblauch

Schwarte des Schweinsschlegels im Abstand von 1 cm bis zum Fleisch kreuzweise einschneiden (Schweinsschlegel schröpfen). Schlegel mit der Schwarte nach unten in kochendes Salzwasser legen und ca. 20 Minuten köcheln. Fleisch aus dem Topf heben, abtropfen und trocknen lassen.

Für die Gemüsebeilage Schalotten, gelbe Rüben, Karotten und Sellerie schälen und in Stücke schneiden. Gemüse in Salzwasser überkochen, abseihen und eiskalt abschrecken.

In einer Pfanne Olivenöl und Butter erhitzen und das Gemüse darin farbgebend anbraten. Knoblauchknolle samt Schale quer durchschneiden.

Für den Schweinsschlegel Thymianblättchen von den Stängeln zupfen (man benötigt davon ca. 2 TL voll). Knoblauch pressen. Fleisch mit Salz, Pfeffer, Knoblauch, Thymian und Kümmel einreiben, in den vorgeheizten Backofen schieben und bei 180 °C braten. Schweinsschwarte während des Bratens immer wieder mit ein wenig Salzwasser bestreichen (nicht mit dem Saft begießen, denn dann wird die Schwarte nicht knusprig).

Nach ca. 1/2 Stunde Garzeit Gemüse und Knoblauch zum Fleisch geben. Fleisch braten, bis die Schwarte eine schöne Farbe angenommen hat und knusprig ist. Die Kerntemperatur des Schlegels sollte ca. 80 °C betragen. Die gesamte Garzeit beträgt ca. 1 Stunde. Das Knusprigbraten der Schweinsschwarte gelingt am besten in einem Heißluftherd und wenn man die Schwarte im letzten Drittel der Garzeit nicht mehr bestreicht.

Braten und Gemüse aus der Pfanne nehmen und im Backofen bei 80 °C rasten lassen. Saft durch ein Sieb gießen, eventuell durch Einkochen einer geriebenen Kartoffel bzw. – wenn man es opulenter mag – durch Einkochen von kalter Butter binden. Sauce mit Salz und Pfeffer abschmecken.

Fleisch in Scheiben schneiden und mit dem Gemüse und der Sauce anrichten. Als zusätzliche Beilage passen gebratene Steinpilze.

Schweinefleisch Im Gegensatz zu Rindfleisch sollte es sehr frisch verwendet werden, wobei man den Optimalzustand leicht erkennen kann: das Fett hat weiße Farbe, das Fleisch ist von einem kräftigen Rosa, beim Druck mit dem Finger gibt es nur leicht nach und die Schnittfläche ist nicht wässrig. Natürlich muss das Fleisch auch frisch riechen und sollte – ein Zeichen der grundsätzlichen Qualität und nicht der Frische – fein mit Fettadern marmoriert sein.

Lammrücken mit grünem Curry, Sellerie und Couscous

Zutaten für 6 Portionen

1,2 kg Lammrücken
Salz
Pfeffer
Olivenöl
Butter
Zitronenkonfitüre*

Selleriegemüse
2 Paprika (rot oder gelb)
Olivenöl
3 Stangen Sellerie
Salz
1 Schalotte
60 ml Weißwein
2 Thymianzweige
1 Zitrone
grüne Currypaste
Pfeffer

Couscous
100 g Couscous
Olivenöl
Salz
Pfeffer
Zitronensaft

** Im gut sortierten Lebensmittelhandel erhältlich*

Für das Gemüse Paprika rundum mit Olivenöl bestreichen, in den Backofen legen und bei 180 °C braten, bis die Haut Blasen wirft und sich abziehen lässt. Paprika schälen und putzen. Einen Paprika in Rauten oder ca. 5 mm breite Streifen schneiden, den zweiten Paprika in sehr kleine Würfel schneiden (dieser wird für den Couscous verwendet).

Von der Sellerie die Fäden ziehen, Sellerie waschen, in ca. 1 cm breite Stücke schneiden, in Salzwasser überkochen, abseihen, eiskalt abschrecken und abtropfen lassen.

Schalotte schälen und fein hacken. In einem Topf einen kleinen Schuss Olivenöl erhitzen, Schalotte anbraten, Sellerie zugeben und anschwitzen. Weißwein zugießen, Thymianzweige zugeben und die Sellerie bissfest dünsten. Ein paar Minuten nach der Sellerie die Paprikastreifen in den Topf geben. Kurz vor dem Anrichten Currypaste einrühren und das Gemüse mit Salz und Pfeffer abschmecken.

Couscous wie auf der Verpackung beschrieben aufquellen lassen. Paprikawürfel in Olivenöl leicht anschwitzen und mit Couscous vermischen. Couscous mit Salz, Pfeffer und Zitronensaft abschmecken, evtl. auch feinst gehackte Petersilie einrühren.

Lammrücken salzen, pfeffern und in einer Pfanne mit Olivenöl auf allen Seiten kurz anbraten. Lammrücken in den vorgeheizten Backofen schieben und bei 180 °C braten, bis eine Kerntemperatur von ca. 55 °C erreicht ist. Fleisch nach dem Braten im Backofen bei 60 °C noch ein paar Minuten rasten lassen.

Lammrücken portionieren. Ca. 3 EL Butter bis zum Aufschäumen erhitzen, Lammfleisch in der Butter wenden, auf Teller geben und mit Zitronenkonfitüre garnieren. Gemüse und Couscous als Beilagen geben.

Lamm Lammfleisch stammt in der Regel von Jungtieren mit einem Alter von 3 bis 6 Monaten. Das Fleisch hat wenig Fett, ist zart und mild-würzig im Aroma. Fleisch von älteren Tieren ist oft so herzhaft im Geschmack, dass es von vielen Genießern nicht mehr als angenehm empfunden wird. Fleisch von jüngeren Lämmern ist oft so ausdrucksschwach, dass es nur schwer als Lammfleisch erkannt werden kann. Zur Orientierung beim Kauf: Je dünkler das Fleisch und je stäker marmoriert, desto älter war das Lamm.

Gefülltes Kalbsfilet mit ligurischem Gemüse

Zutaten für 6 Portionen

1 kg Kalbsfilet
10 Spinatblätter
100 g Lardo (dünn geschnitten)*
Salz
Pfeffer
Olivenöl
250 ml Kalbsjus**

Ligurisches Gemüse

Je 1 gelber und roter Paprika
Olivenöl
1 Zucchino
1 Aubergine
6 Schalotten
1 EL Zucker
1 EL Honig
60 ml Champagneressig
250 ml Olivenöl
125 ml Pflanzenöl
2 EL schwarze Oliven (entkernt)
2 EL Essigkapern
Salz
Pfeffer
Cayennepfeffer

**Ein aus Italien stammender Fettspeck vom Schweinsrücken*

*** Im gut sortierten Lebensmittelhandel erhältlich*

Für das Gemüse Paprika rundum mit Olivenöl bestreichen, in den Backofen legen und bei 180 °C braten, bis die Haut Blasen wirft und sich abziehen lässt. Paprika schälen, putzen und in gefällige Stücke schneiden. Zucchino und Aubergine putzen, waschen und wie die Paprika in gefällige Stücke schneiden. Schalotten schälen und halbieren.

In einem Topf Zucker bis zur leichten Braunfärbung erhitzen. Honig und Gemüse einrühren, mit Essig ablöschen, die Öle zugießen. Gemüse bei mäßiger Hitze garziehen lassen. Zum Schluss Oliven und Kapern zugeben.

Vom Kalbsfilet Haut und Fettansätze wegschneiden. Kalbsfilet zwei Mal der Länge nach einschneiden. Spinat putzen, waschen und trockentupfen. Filet mit Spinat und Lardo füllen, binden, mit Salz und Pfeffer würzen und rundum in Olivenöl anbraten. Kalbsfilet in den vorgeheizten Backofen schieben und bei 180 °C braten, dabei hin und wieder wenden. Das Kalbsfilet ist ausreichend gegart, wenn es eine Kerntemperatur von ca. 55 °C aufweist; bei der Druckprobe sollte man noch einen weichen Kern fühlen. Die Garzeit beträgt üblicherweise 10 bis 20 Minuten. Kalbsfilet aus der Pfanne nehmen und am besten im abgedrehten und leicht geöffneten Backofen ein paar Minuten rasten lassen.

Bratensatz des Filets mit Kalbsjus ablöschen, Jus aufkochen und durch ein Sieb gießen. Mit Salz und Pfeffer abschmecken.

Küchengarn vom Fleisch schneiden, Filet portionieren und mit Sauce und Gemüse anrichten. Gemüse salzen und eventuell auch mit Pfeffer und Cayennepfeffer würzen. Alles mit reichlich Basilikum garnieren.

Lardo Dieser italienische Speck stammt vom Schweinerücken. Der Speck weist keine oder nur minimale Marmorierung auf, wird mit Salz und Gewürzen eingerieben und reift in Stein- oder Holzbottichen. Seine Farbe sollte weiß bzw. leicht rosa sein. Eine gelbliche Farbe ist ein Zeichen für Überlagerung und damit verbunden eine Warnung vor ranzigem Geschmack. Neben der idealen Reife ist die Stärke des Lardo ein Qualitätskriterium: Sie sollte etwa 5 cm betragen. Lardo wird hauchdünn geschnitten, passt auf getoastetes Schwarzbrot, verlangt nach einer Prise Meersalz und kann sehr viele Fleisch- und Fischgerichte um hocharomatischen Schmelz bereichern.

Gedünsteter Tafelspitz mit Krautfleckerln und Perigordtrüffel

Zutaten für 6 Portionen

2 Zwiebeln
1 Karotte
1 Stange Sellerie
1 kg Tafelspitz
Salz
Pfeffer
glattes Weizenmehl
2 EL Olivenöl
1 Knoblauchzehe
2 TL Tomatenmark
60 ml kräftiger Rotwein
250 ml Kalbsjus*
500 ml Rindsuppe
50 g Perigordtrüffel

Krautfleckerl

1 kleiner Kopf Weißkraut
3 Schalotten
2 EL Pflanzenöl
Feinkristallzucker
Salz
Pfeffer
Kümmel
200 g Fleckerl (Teigware)

** Im gut sortierten Lebensmittelhandel erhältlich*

Zwiebeln in Stücke schneiden (durchaus auch mit der Schale; das bringt Farbe in die Sauce), Karotte und Sellerie schälen bzw. putzen und in Stücke schneiden.

Tafelspitz salzen, pfeffern, in Mehl wenden und in Olivenöl auf allen Seiten farbgebend anbraten. Gemüse und Knoblauch in die Pfanne geben und sanft rösten. Tomatenmark einrühren und kurz mitrösten. Alles mit Rotwein ablöschen. Wein ein wenig einkochen, Jus und Suppe zugießen. Tafelspitz in diesen Saucenansatz legen. Einen Deckel auf den Topf geben, dabei einen guten Spalt unbedeckt lassen. Topf in den Backofen schieben und das Fleisch bei 180 °C garen, währenddessen ein paar Mal wenden (die Gardauer beträgt ca. 1 ½ Stunden; das Fleisch ist ausreichend gegart, wenn es sich bei einer Druckprobe durchgängig fest anfühlt). Tafelspitz aus dem Topf nehmen und im abgedrehten Backofen warmhalten.

Für die Fleckerl die äußeren Blätter des Krautkopfs entfernen. Krautkopf in Viertel schneiden, Strunk ausschneiden und die Blätter in „Fleckerl" schneiden. Schalotten schälen und fein hacken.

In einem Topf Öl erhitzen, 1–2 EL Zucker und die Schalotten darin anschwitzen, Kraut einlegen und anrösten. Mit Salz, Pfeffer und Kümmel würzen und zugedeckt bei schwacher Hitze weich dünsten. Teigware in gesalzenem Wasser bissfest kochen, abseihen, abtropfen lassen und mit dem Kraut vermischen. Mit Salz und Pfeffer abschmecken.

Tafelspitzsauce durch ein Sieb gießen, aufkochen und mit Salz und Pfeffer abschmecken.

Trüffel bürsten, waschen, trockentupfen und in Scheiben schneiden oder hacken. Trüffel in der Tafelspitz-Sauce nur leicht erwärmen.

Tafelspitz portionieren und mit Perigordtrüffel-Sauce und Krautfleckerl anrichten.

Tafelspitz Dieses österreichische Vokabel bezeichnet ein am oberen Teil des Schlegels sitzendes Fleischstück, das durch eine feine Faserung und einen typischen Fettrand gekennzeichnet ist. In der Wiener Küche wird daraus eine der berühmtesten Speisen zubereitet: der gesottene Tafelspitz, der mit Beilagen wie Cremespinat, Erdäpfelschmarren, Apfelkren und Schnittlauchsauce zu Tisch kommt.

Rindskotelett mit grünen Bohnen und Tomaten

Zutaten für 6 Portionen

Ein Stück von der Hochrippe mit ca. 1,2 kg
Salz
Pfeffer
Olivenöl
50 g Butter
2 Thymianzweige
1 Rosmarinzweig
2 Petersilienzweige

Bohnen und Tomaten

200 g grüne Bohnen
Salz
2 Schalotten
Petersilie
Pfeffer
200 g kleine Tomaten
Olivenöl

Fleisch salzen, pfeffern und in einer backofenfesten Pfanne mit heißem Öl auf allen Seiten farbgebend anbraten. Fleisch im Backofen bei 180 °C braten. Das Fleisch ist ausreichend gegart, wenn es eine Kerntemperatur von ca. 55 °C hat (am besten mit einem Bratenthermometer messen; Bratenthermometer sind im Küchenbedarfshandel, bei Optikern und via Internet zu moderaten Preisen erhältlich). Fleisch im abgedrehten oder auf 60 °C reduzierten Backofen noch mindestens 5 Minuten rasten lassen.

Bohnen putzen, in Salzwasser überkochen, abseihen, kalt abschrecken und abtropfen lassen. Schalotten schälen und fein hacken. Petersilienblättchen klein schneiden (man benötigt davon ca. 1 TL voll).

Schalotten in Butter anschwitzen, Bohnen dazugeben und in der Butter bissfest schmoren. Petersilie einrühren. Bohnen mit Salz und Pfeffer abschmecken.

Tomaten in dicke Scheiben schneiden, halbieren oder vierteln und in Olivenöl bei mäßiger Hitze weich schmoren. Tomaten salzen und eventuell mit ein paar Spritzern Balsamicoessig aromatisieren.

Für die Fertigstellung des Koteletts Butter bis zum Aufschäumen erhitzen. Kräuter darin schwenken. Kräuterbutter über das Fleisch gießen.

Fleisch am besten bei Tisch portionieren. Mit Bohnen, Tomaten und Butter aus der Pfanne anrichten. Eventuell mit grob geriebenem Pfeffer bestreuen und mit dem Schaum von einer weißen Sauce (siehe Seite 86) dekorieren. Als zusätzliche Beilage passen Kartoffeln.

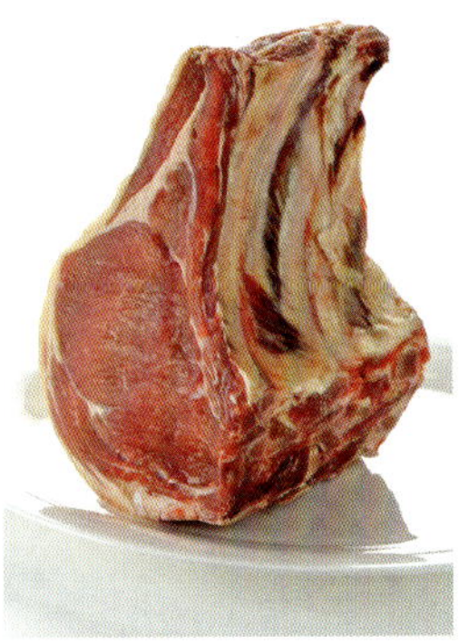

Rindskotelett Von der Hochrippe zwischen dem Nacken und dem Roastbeef geschnitten, zeichnen sich die Koteletts durch feine Maserung mit geschmacksträchtigem Fett aus. Eng verwandt mit dem Kotelett ist das Rib-Eye-Steak, das seinen Namen von dem typischen, in das Fleisch eingeschlossenen Fettkern bezieht. Beide Edelteile sind im gebratenen Zustand am attraktivsten.

Beiried in der Salzkruste mit gefüllten Auberginen

Zutaten für 6 Portionen

1,5 kg Beiried
Salz
Pfeffer
Olivenöl
scharfer Senf
150 g Lardo (dünn geschnitten)*
4 Thymianzweige
2 Rosmarinzweige

Auberginen

6 Mini-Auberginen
Olivenöl
2 Tomaten
2 Schalotten
Petersilie
Salz
Pfeffer

Salzkruste

2 kg grobes Meersalz
3 EL glattes Weizenmehl
6 Eiklar (Eiweiß)

**Ein aus Italien stammender Fettspeck vom Schweinsrücken*

Zuerst die Auberginen vorbereiten: Auberginen der Länge nach durchschneiden und das Fruchtfleisch an den Schnittflächen kreuz und quer einschneiden. Auberginen mit Olivenöl beträufeln, mit den Schnittflächen nach oben in den Backofen schieben und bei 160 °C braten, bis das Fruchtfleisch weich ist. Fruchtfleisch aus den Schalen schaben.

Von den Tomaten die Strünke ausschneiden, Tomaten kurz in kochendes Wasser legen, kalt abschrecken, schälen und entkernen. Das Fruchtfleisch der Tomaten in Würfel schneiden. Schalotten schälen, fein hacken und in Olivenöl glasig anschwitzen. Petersilienblättchen hacken (man benötigt davon ca. 2 TL voll). Auberginenfruchtfleisch, Tomaten, Schalotten und Petersilie vermischen, salzen, pfeffern und in die Auberginenschalen füllen.

Beiried salzen, pfeffern, mit Senf einreiben und rundum in Olivenöl farbgebend anbraten.

Für die Kruste Salz mit Mehl vermischen. Eiklar cremig schlagen und unter die Salz-Mehl-Mischung heben.

Beiried in die Lardoblätter einschlagen. Etwa ein Drittel der Salzmasse auf ein mit Backpapier belegtes Backblech auftragen, Beiried daraufsetzen, mit den Kräutern belegen und lückenlos und gleichmäßig in die Salzmasse hüllen.

Backblech in den vorgeheizten Backofen schieben und Beiried in der Salzkruste ca. 30 Minuten bei 200 °C garen (die Kerntemperatur der Beiried sollte 55 °C betragen; am besten mit einem Bratenthermometer prüfen). Beiried aus dem Ofen nehmen und im Salz noch ein paar Minuten rasten lassen. Auberginen im Backofen wärmen.

Beiried wegen des attraktiven Anblicks am besten erst bei Tisch aus der Salzkruste lösen und portionieren. Mit gefüllten Auberginen servieren. Als Sauce passt eine Ochsenschwanzsauce wie auf Seite 98 beschrieben.

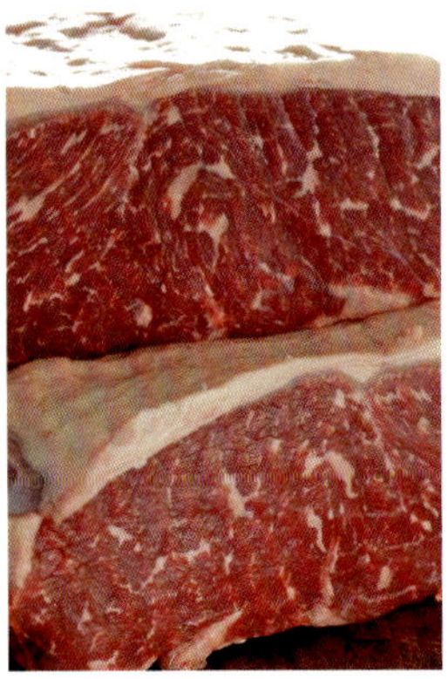

Beiried ist ein Teil des Hinterviertels des Rindes. Sie liegt zwischen Hochrippe und Hüfte und wird auch Roastbeef genannt. Aus diesem Stück wird der Rostbraten geschnitten. Die geläufigsten Zubereitungen sind das Rosabraten am Stück im Ofen und die Zubereitung als Steak, was man dann als Entrecôte bezeichnen kann (das aber eigentlich aus der Hochrippe geschnitten werden sollte) oder Rumpsteak ergibt (wobei dieses ganz korrekterweise aus dem flachen Ende des Rostbratens, der Huft, geschnitten wird).

Rindsfilet mit Ochsenschwanz-Gänseleber-Terrine und Kohlrabi

Zutaten für 6 Portionen

6 Rindsfiletsteaks à 200 g
Salz
Pfeffer
3 EL Olivenöl
2 EL Butter
2 Thymianzweige
1 Rosmarinzweig

OCHSENSCHWANZ-GÄNSELEBER-TERRINE
Geschmorter Ochsenschwanz und Ochsenschwanzsauce wie auf Seite 98 beschrieben
150 g Gänseleberparfait*

KOHLRABI
2 Kohlrabi
250 ml Hühnersuppe
1 mehlige Kartoffel
Salz
Pfeffer
Zitronensaft

** Im gut sortierten Delikatessen- bzw. Lebensmittelhandel erhältlich*

Für die Terrine Ochsenschwanzstücke mit ein wenig Sauce recht dick einkochen und abkühlen lassen. Eine Form von ca. 30 cm Länge mit Frischhaltefolie auslegen. Die Hälfte der Ochsenschwanzstücke einlegen. Gekühltes Gänseleberparfait in Scheiben schneiden und in die Form legen. Mit Ochsenschwanzstücken abschließen. Terrine ein wenig beschweren und vor dem Portionieren ca. 12 Stunden kühlen.

Kohlrabi schälen, in Würfel oder gefällige Stücke schneiden und in der Hühnersuppe weich kochen. Kohlrabi aus dem Fond nehmen. Kartoffel schälen und fein reiben. So viel von der Kartoffel in den Fond einkochen, dass die Flüssigkeit eine leichte Bindung erhält. Kohlrabi wieder in den Fond geben. Alles mit Salz, Pfeffer und Zitronensaft abschmecken.

Steaks salzen, pfeffern und auf allen Seiten in Olivenöl gut farbgebend anbraten. Steaks in den vorgeheizten Backofen schieben und bei 180 °C braten. Währenddessen mehrmals wenden. Die Garzeit richtet sich nach der Dicke der Steaks und nach dem persönlichen Geschmack. Sie sind „medium" gebraten (also im Kern noch recht saftig), wenn sie sich bei der Druckprobe im Innersten noch weich anfühlen. Steaks nach dem Braten mindestens 5 Minuten rasten lassen.

Terrine behutsam stürzen, Folie abziehen. Terrine am besten mit einer Aufschnittmaschine in Scheiben schneiden.

Für die Fertigstellung der Steaks Butter bis zum Aufschäumen erhitzen, Kräuter darin schwenken und die Kräuterbutter über die Steaks gießen. Steaks mit Kohlrabi und Terrine anrichten.

Kohlrabi Die besonders in Österreich und Deutschland beliebte Kohlpflanze wird sowohl roh als auch gekocht gerne gegessen, z. B. als Beilage zum Tafelspitz. Grundsätzlich unterscheidet man zwei Sorten: den weißen und den violetten Kohlrabi, wobei letzterer meistens aus Freilandanbau stammt. Beim Kauf dieses an Vitaminen und Calcium reichen Gemüses halte man nach kleinen Rüben Ausschau, denn diese sind wesentlich zarter als die großen Exemplare, die in manchen Teilen auch verholzt und damit partiell ungenießbar sein können.

Geschmorter Ochsenschwanz mit Schwarzwurzeln und Grießstrudel

Zutaten für 6 Portionen

6 Zwiebeln
1 große Karotte
½ Knolle Sellerie
6 Scheiben vom dicken Ende des Ochsenschwanzes
Salz
Pfeffer
Mehl
Olivenöl
1 EL Tomatenmark
500 ml Rotwein
125 ml Portwein
1 l Rindsuppe
Thymian

Zwiebeln schälen und in Spalten schneiden. Karotte und Sellerie schälen und würfelig schneiden. Ochsenschwanz salzen, pfeffern, in Mehl wenden und in einem großen flachen Topf mit heißem Olivenöl auf allen Seiten farbgebend anbraten. Fleisch aus dem Topf nehmen. Zwiebeln, Karotte und Sellerie darin anbraten. Tomatenmark einrühren und kurz mitrösten. Ochsenschwanz einlegen, alles mit Rot- und Portwein ablöschen und mit Suppe aufgießen, Thymian zugeben. Ochsenschwanz im Backofen bei 180 °C schmoren. Das Fleisch ist ausreichend gegart, wenn es sich leicht vom Knochen lösen lässt (Garzeit 2 bis 3 Stunden). Sauce durch ein Sieb gießen und mit Salz und Pfeffer abschmecken.

SCHWARZWURZELN
3 Schalotten
1 Karotte
50 g Speck
300 g Schwarzwurzeln
2 EL Butter
500 ml Hühnersuppe
1 mehlige Kartoffel
Salz
Pfeffer
Cayennepfeffer
Zitronensaft

Für die Schwarzwurzeln Schalotten und Karotte schälen und fein hacken bzw. in möglichst kleine Würfel schneiden. Speck kleinwürfelig schneiden. Schwarzwurzeln schälen und in Stäbchen oder dickblättrig schneiden. Alles in Butter anschwitzen, mit Suppe aufgießen und weich köcheln. Kartoffel schälen, reiben und so viel davon in den Schwarzwurzelfond einkochen, dass er eine leichte Bindung erhält. Mit Salz, Pfeffer, Cayennepfeffer und Zitronensaft abschmecken.

GRIESSSTRUDEL
2 Schalotten
50 g Speck
Butter
50 g Weizengrieß
500 ml Hühnersuppe
Salz
Pfeffer
1 Pkg. Strudelteig (4 Blätter)

Für den Strudel Schalotten schälen und fein hacken. Speck kleinwürfelig schneiden. Speck und Schalotten in 1 EL Butter anschwitzen, Grieß einrühren, mit Suppe aufgießen und ein paar Minuten köcheln. Mit Salz und Pfeffer abschmecken.

Zwei bis drei EL Butter schmelzen. Ein Blatt Strudelteig auf ein Küchentuch legen. Strudelteig mit geschmolzener Butter bestreichen, ein zweites Blatt Strudelteig darauf legen. Auf das obere Drittel des Teiges die Hälfte der Grießmasse auftragen, Ränder freilassen. Freie Teigflächen mit Butter bestreichen, die seitlichen Ränder über die Fülle falten, von oben beginnend einen Strudel rollen. Strudel in Frischhaltefolie wickeln. Einen zweiten Strudel auf die selbe Art verfertigen. Strudel in einen Topf mit kochendem Wasser legen und knapp unter dem Siedepunkt 5 Minuten ziehen lassen.

Strudel aus den Folien wickeln und in Scheiben schneiden. Heißes Gemüse auf Teller geben. Ochsenschwanz darauf setzen und mit Sauce überziehen. Strudel als Beilage geben.

Schwarzwurzel Dieses klassische Wintergemüse, das auch Winterspargel genannt wird, hat seinen Ursprung in Spanien und einen recht milden Geschmack. Daher gilt bei der Zubereitung: Es kommt drauf an, was man draus macht. Im Rezept rechts wird eine probate Veredelungsmethode vorgestellt, auch überbacken mit Käsesauce oder geschwenkt in nussbrauner Butter mit ein wenig Erdnussöl bereiten Schwarzwurzeln große Freude. Vor dem genussvollen Verzehr steht allerdings die ein wenig umständliche Vorbereitung: An Schwarzwurzeln haftet oft Erde, die abgewaschen werden muss, und beim Schälen tritt eine klebrige Flüssigkeit aus, die an den Händen haftet (wer diesbezüglich heikel ist, greift zum Arbeitshandschuh). Geschälte Schwarzwurzeln sollte man unverzüglich in Wasser mit Zitronensaft legen, damit sie ihre frische Farbe (weiß, nicht schwarz) behalten.

Wildhase mit cremiger Polenta

Zutaten für 6 Portionen

1 Wildhase
2 l Rotwein
4 Zwiebeln
3 Karotten
1 kleine Knolle Sellerie
200 g Champignons
100 g Bauchspeck
glattes Weizenmehl
Pflanzenöl
2 EL Tomatenmark
40 ml Cognac
250 ml Portwein
Rindsuppe
10 Wacholderbeeren
3 Gewürznelken
1 Lorbeerblatt
2 Thymianzweige
2 Rosmarinzweige
10 schwarze Pfefferkörner
2 EL Preiselbeeren
1 ganzer, säuerlicher Apfel
1 unbehandelte Orange
Salz
Pfeffer

Polenta

250 ml Wasser
250 ml Milch
Salz
50 g Maisgrieß
30 g Parmesan
1–2 EL Butter

Den Hasen in Stücke zerlegen. Rückenfleisch auslösen und die Haut abziehen. Keulen und Schultern für ca. 12 Stunden in Rotwein legen.

Zwiebeln schälen und kleinschneiden. Karotten und Sellerie schälen und in Stücke schneiden. Champignons putzen und in Stücke schneiden. Speck in Würfel schneiden. Keulen und Schultern aus dem Wein heben, gut abtropfen lassen, in Mehl wenden und in ein wenig Pflanzenöl rundum gut farbgebend anbraten. Fleisch aus dem Topf heben. Gemüse, Champignons und Speck einlegen und anschwitzen. Tomatenmark einrühren und kurz rösten. Mit Cognac und Portwein ablöschen. Rotwein zugießen. So lang kochen, bis die Flüssigkeit auf ca. die Hälfte der ursprünglichen Menge reduziert ist. Hasenkeulen und -schultern einlegen, so viel Suppe zugießen, dass das Fleisch bedeckt ist. Wacholderbeeren, Nelken, Lorbeerblatt, Thymian, Rosmarin, Pfefferkörner, Preiselbeeren, Apfel und geriebene Orangenschale dazugeben und alles ca. 1 ½ Stunden im Backofen bei 200 °C schmoren.

Hasenkeulen und -schultern aus dem Topf nehmen, Flüssigkeit durch ein Sieb gießen, nochmals aufkochen, Schaum abschöpfen und den Saft mit Salz und Pfeffer abschmecken. Falls erforderlich, durch Einkochen von Mehlbutter binden (für Mehlbutter glattes Mehl mit Butter zu gleichen Teilen verkneten). Hasenteile in der Sauce warmhalten.

Für die Polenta Wasser und Milch mit einer Prise Salz aufkochen, Maisgrieß einrühren. Unter ständigem Rühren bei mäßiger Hitze ein paar Minuten köcheln. Eventuell danach bis zu einer halben Stunde an einem warmen Ort quellen lassen. Kurz vor dem Servieren erhitzen, Parmesan und so viel Butter einrühren, dass eine cremige Polenta entsteht. Mit Salz abschmecken.

Hasenrücken salzen, pfeffern und in Pflanzenöl rundum anbraten. In den Backofen schieben und bei 180 °C fertig garen (der Hasenrücken sollte innen gut saftig bleiben; die Garzeit beträgt nur ein paar Minuten).

Hasenrücken portionieren. Hasenteile mit Sauce und Polenta anrichten. Als krönende Zugabe eignet sich weiße Trüffel.

Polenta Die Herstellung dieses norditalienischen Traditionsgerichtes war früher eine schweißtreibende Angelegenheit, da der gemahlene Maisgrieß in siedendem Salzwasser bis zu einer Stunde unter ständigem Umrühren gekocht werden musste. Heute geht es schneller, da der handelsübliche Maisgrieß schon vorgegart ist.

Rehrücken im Filoteig

Zutaten für 6 Portionen

100 g Champignons
1 Schalotte
Petersilie
Olivenöl
4 Wacholderbeeren
Salz
Pfeffer
Butter
500 g Rehrücken
1 Pkg. Filoteig*

Rehsauce**
1,5–2 kg Rehknochen (am besten Rückenknochen)
2 l Rotwein
glattes Mehl
Olivenöl
4 Zwiebeln
3 Karotten
200 g Knollensellerie
150 g Champignons
100 g Bauchspeck
1 EL Tomatenmark
40 ml Cognac
250 ml roter Portwein
ca. 1 l Rindsuppe
1 Apfel
3 Nelken
10 Wacholderbeeren
3 Lorbeerblätter
3 Thymianzweige
1 Rosmarinzweig
2 EL Preiselbeeren
Pfefferkörner
1 unbehandelte Orange

*** Die Zutaten ergeben eine größere Menge, als man für dieses Gericht braucht. Rehsauce ist jedoch vielseitig verwendbar und lässt sich tiefgekühlt mehrere Wochen ohne Qualitätsverlust lagern.*

Für die Sauce Knochen hacken und ca. 12 Stunden in Rotwein legen. Knochen abseihen, gut abtropfen lassen, in Mehl wenden und in einer Pfanne mit ein wenig heißem Olivenöl schön braun anbraten. Knochen in ein Sieb schütten und das Fett abtropfen lassen.

Zwiebeln schälen und hacken, Karotten, Sellerie und Champignons schälen bzw. putzen und in Stücke schneiden. Speck würfelig schneiden. Alles in der Pfanne vom Anrösten der Knochen anschwitzen, Tomatenmark einrühren und kurz mitrösten. Mit Cognac und Portwein ablöschen und mit Rotwein aufgießen. Flüssigkeit auf zwei Drittel der ursprünglichen Menge einkochen. Knochen dazugeben, kurz köcheln und so viel Suppe zugießen, dass die Knochen bedeckt sind. Apfel entkernen und in Stücke schneiden. Apfel, Nelken, Wacholderbeeren, Lorbeerblätter, Thymian, Rosmarin, Preiselbeeren, Pfefferkörner und geriebene Orangenschale in die Pfanne geben, alles im Backofen bei 200 °C ca. 1 ½ Stunden köcheln. Flüssigkeit durch ein Sieb gießen, nochmals aufkochen, Schaum abschöpfen und die Sauce mit Salz und Pfeffer abschmecken. Falls erforderlich, mit Mehlbutter binden (für Mehlbutter glattes Mehl mit Butter zu gleichen Teilen verkneten).

Für den Rehrücken Champignons putzen und hacken. Schalotte schälen und fein hacken. Petersilienblättchen fein hacken (ca. 1 TL voll). In einer Pfanne ein wenig Olivenöl mit zerdrückten Wacholderbeeren erhitzen. Schalotte und Pilze darin anschwitzen, Petersilie einrühren, salzen, pfeffern und auskühlen lassen.

Ca. 3 EL Butter schmelzen. Rehrücken in daumendicke Medaillons schneiden, salzen und pfeffern. Filoteigblätter ausbreiten, in Quadrate von ca. 10 cm Kantenlänge schneiden und mit Butter bestreichen. Champignon-Schalotten-Mischung auf die Teigstücke verteilen, darauf die Rehmedaillons setzen, Teig über die Medaillons falten und zusammendrücken. Rehmedaillons im Filoteig in den vorgeheizten Backofen schieben und bei 180 °C ca. 10 Minuten backen (der Teig soll goldbraune Farbe annehmen).

Rehrücken im Teig mit Sauce servieren. Dazu passen im Frühling Spargel und Erbsen, im Herbst Kohl und Kraut.

Wacholderbeeren sind ein beliebtes Gewürz für Wild, Braten und Sauerkraut, aber auch ein wichtiger Bestandteil für Pökelwürzmischungen. Das süßliche Aroma lässt sich leicht erkären, besteht die Wacholderbeere doch zu einem Drittel aus Zucker.

Hirschfilet in Haselnussöl gebraten mit Steinpilzen und Grießknödel

Zutaten für 6 Portionen

500 g Hirschfilet
Salz
Pfeffer
4 EL Haselnussöl
Wacholderbeeren
Butter

Wildsauce

5 Champignons
1 Zwiebel
½ Apfel
50 g Bauchspeck
250 ml kräftiger Rotwein
40 ml Portwein
1 TL Preiselbeeren
2 EL Crème fraîche
250 l Rindsuppe
Salz
Pfeffer

Steinpilze

100 g Steinpilze
1 Schalotte
1 EL Olivenöl
Salz
Pfeffer
Zitronensaft

Griessknödel

100 g Grieß
125 ml Milch
Salz
2 Eier
120 g Butter

Für die Sauce Champignons putzen und klein schneiden. Zwiebel schälen und hacken. Apfel entkernen. Apfel und Speck würfelig schneiden.

Hirschfilet salzen, pfeffern und in Haselnussöl mit angedrückten Wacholderbeeren farbgebend anbraten. Pfanne in den Backofen schieben und das Hirschfilet bei 180 °C ca. 5 Minuten garen (das Fleisch soll innen saftig bleiben; ideal ist eine Kerntemperatur von ca. 60 °C). Hirschfilet auf einen Teller legen, mit Alufolie abdecken und im abgedrehten und leicht geöffneten Ofen rasten lassen.

In der Pfanne, in der das Hirschfilet gebraten wurde, Champignons und Zwiebel anbraten. Speck und Apfel zugeben, mit Rot- und Portwein ablöschen. Preiselbeeren und Crème fraîche einrühren. Alles mit Rindsuppe aufgießen und so lang köcheln, bis die Flüssigkeit auf ein Drittel der ursprünglichen Menge reduziert ist. Sauce durch ein Sieb gießen und eventuell durch Einkochen von einer geriebenen mehligen Kartoffel leicht binden. Mit Salz und Pfeffer abschmecken.

Pilze putzen, möglichst wenig oder gar nicht waschen und in Stücke schneiden. Schalotte schälen und fein hacken. Schalotte und Pilze in Olivenöl braten. Mit Salz, Pfeffer und Zitronensaft abschmecken.

Grieß in der Milch zu einem dicken Brei kochen. Masse abkühlen lassen, Eier und zimmerwarme Butter einarbeiten. Aus der Masse kleine Knödel formen und in Salzwasser knapp unter dem Siedepunkt ziehen lassen, bis die Knödel an der Oberfläche schwimmen. Knödel aus dem Waser heben und abtropfen lassen.

Für die Fertigstellung des Hirschfilets 3 EL Butter bis zum Aufschäumen erhitzen. Hirschfilet darin wenden. Hirschfilet in Medaillons schneiden und mit den Pilzen, Grießknödeln und der Sauce servieren. Zusätzlich passen Karotten wie auf Seite 82 beschrieben.

Hirschfilet zeichnet sich durch einen geringen Fettanteil aus und hat weniger Kalorien und weniger Cholesterin als Rindfleisch. Filet ist auch beim Hirsch das teuerste und heikelste Edelstück. Kurz braten hat sich als die perfekte Garmethode erwiesen.

Hirschrücken mit Steinpilzen und gebratenen Grießknödeln

Zutaten für 6 Portionen

500 g Hirschrücken
Salz
1 TL Pfefferkröner
5 Wacholderbeeren
1 Prise Fenchelsamen
4 EL Haselnussöl
Butter
1 TL Rosmarinnadeln
2 Zweige Thymian

GRIESSKNÖDEL
Knödel wie auf Seite 160
Butter
feine Weißbrotbröseln

STEINPILZE
200 g Steinpilze
2 Schalotten
2 EL Olivenöl
Salz
Pfeffer
Zitronensaft

Wildsauce
Siehe Seite 160

Knödel wie auf Seite 160 beschrieben zubereiten.

Pilze putzen, möglichst wenig oder gar nicht waschen, in Stücke schneiden. Schalotte schälen und fein hacken. Schalotte und Pilze in Olivenöl braten. Mit Salz, Pfeffer und Zitronensaft abschmecken.

Hirschrücken mit einer Mischung aus Salz und fein zerdrückten Pfefferkörnern, Wacholderbeeren und Fenchelsamen einreiben und in Haselnussöl farbgebend anbraten. Hirschrücken auf ein Gitter setzen, in den Backofen schieben und ein Blech unter das Gitter schieben, damit das abtropfende Fett aufgefangen wird. Hirschrücken bei 180 °C ca. 10 Minuten garen (das Fleisch soll innen saftig bleiben; ideal ist eine Kerntemperatur von ca. 60 °C). Hirschrücken nach dem Braten noch ein paar Minuten rasten lassen.

Sauce wie auf Seite 160 beschrieben zubereiten.

Für die Fertigstellung der Grießknödel 2 EL Butter bis zum Aufschäumen erhitzen, Brösel darin rösten, Knödel darin wälzen.

Einen guten Löffel Butter mit Rosmarin und Thymian erhitzen. Heiße Butter über den Hirschrücken gießen.

Hirschrücken portionieren, mit Sauce, Pilzen und Knödeln anrichten. Zwecks optischer Aufwertung eventuell ein wenig von der Sauce schaumig aufmixen und den Schaum auf die Teller geben.

Variation: Attraktiv ist auch eine Kombination von Steinpilzen mit Mangold. Dafür die Pilze wie beschrieben zubereiten, aber in kleine Stücke geschnittene Mangoldblätter mitbraten (aus den Blättern zuvor die dicken Blattrippen ausschneiden).

Rosmarin Rosmarinsträucher können zu imposanter Größe heranwachsen, verbreiten dann einen merkbaren Duft und sind so eine auf mehrere Sinne wirkende Zierde des Gartens. Kulinarisch gereicht der Duft nach Urlaub und Meer verschiedensten Gerichten zur Zierde, vor allem solchen mit mediterranen Anklängen und solchen hocharomatischer Natur, wie zum Beispiel Schmorgerichten. Besonders spannend sind auch Kombinationen, wo Rosmarin mit Apfel und/oder Honig in Verbindung kommt.

Desserts

Holundermispeln mit gratiniertem Ziegenfrischkäse

Zutaten für 6 Portionen

750 g Mispeln
750 ml Holunderblütensaft
Saft einer Zitrone
6 Eier
300 g Ziegenkäse
Vanillezucker
120 g Feinkristallzucker
Vanilleeis

Mispeln schälen und entkernen. Holunderblütensaft mit der Hälfte des Zitronensafts aufkochen, Mispeln dazugeben und weichdünsten. Mispeln auskühlen lassen.

Eier in Dotter und Klar trennen. Ziegenkäse mit restlichem Zitronensaft, Eidotter und 1 TL Vanillezucker glatt rühren. Eiklar mit Kristallzucker zu einem cremigen Schnee schlagen und unter die Masse heben.

Mispeln in Spalten schneiden, gefällig in Suppenteller legen und mit Holundersirup beträufeln. Ziegenkäsemasse auf die Mispeln geben und im Backofen bei starker Oberhitze gratinieren. Ziegenkäse mit Staubzucker bestreuen, eventuell Blütenblätter auf die Teller streuen, Vanilleeis als Beilage geben.

Anmerkung: Statt Mispeln kann man auch Pfirsiche oder Marillen nehmen. Mispelkompott passt auch vorzüglich zu Kaiser- oder Topfenschmarren.

Vanille Die bekannteste aller Vanillesorten ist die Gewürzvanille, die ihren Ursprung in Mexiko hat und heute besonders in Réunion und Madagaskar angebaut wird. Im Lebensmittelhandel kennt man sie als Bourbonvanille. Eine weitere sehr bekannte Sorte ist die Tahitivanille, deren Aroma blumiger ist als das der Bourbonvanille. Die handelsüblichen Vanilleschoten sind die fermentierten und getrockneten Kapseln des Vanillestrauches. Im Gegensatz zu der aus der Natur gewonnenen Vanille ist Vanillin ein technisch hergestellter Aromastoff.

Kaffeemousse mit Kaffeekeks und Feigencarpaccio

Geröstete Kaffeebohnen
Mit der Meisterschaft im Rösten der Kaffeebohnen legte Julis Meinl I. den Grundstein für die Entwicklung der großen Delikatessenhandelsmarke. Bei der Röstung werden die grünen Bohnen langsam erhitzt und schließlich bei einer Temperatur von 200 bis 250 °C geröstet. Wenn der gewünschte Röstgrad erreicht ist, wird der Röstvorgang durch Abkühlen der Bohnen gestoppt. Abgesehen von ihrer maßgeblichen Rolle bei der Zubereitung des enorm verbreiteten Getränks werden Kaffeebohnen auch in anderer Weise für die Küche wertvoll, insbesondere durch ihre Aromakraftentfaltung in Süßspeisen verschiedenster Art.

Zutaten für 6 Portionen

300 ml Schlagobers (Sahne)
100 g Kaffeebohnen
1 Blatt Gelatine
125 g weiße Schokolade
1 Ei
1 Eidotter (Eigelb)
2 EL starker Kaffee

Kaffeekekse

150 g Kaffeeschokolade
(ca. 60 % Kakaogehalt)
125 g Butter
125 g Staubzucker
1 Ei
200 g glattes Weizenmehl
1 EL gemahlener Kaffee

Feigencarpaccio

6 Feigen
Feinkristallzucker
Zitronensaft
evtl. Grand Marnier
(ersatzweise Orangenlikör)

Obers mit Kaffeebohnen aufkochen, abkühlen lassen und im Kühlschrank ein paar Stunden ziehen lassen. Gelatine in kaltem Wasser einweichen.

Schokolade über Dampf schmelzen. Ei und Dotter über Dampf cremig schlagen, vom Dampf nehmen und so lang weiterschlagen, bis die Masse wieder abgekühlt ist.

Obers durch ein Seib gießen und steif schlagen. Kaffee wärmen, Gelatine ausdrücken und im Kaffee auflösen. Gelatine in die Schokolade rühren, Obers unter die Schokolade heben. Mousse mindestens 2 Stunden kühlen.

Für die Kekse Schokolade reiben, 100 g davon mit den restlichen Zutaten zu einem Teig kneten. Teig zu einer Rolle oder zu langen Stäbchen formen, in Frischhaltefolie einschlagen und gekühlt ca. 2 Stunden rasten lassen.

Teig aus der Folie nehmen, die Rolle in ca. 3 mm dicke Scheiben schneiden, Kekse oder Stangerl auf ein mit Backpapier ausgelegtes Blech legen und im vorgeheizten Backofen bei 200 °C ca. 5 Minuten backen. Die warmen Kekse oder Stangerl mit der restlichen Schokolade bestreuen.

Für das Carpaccio Feigen schälen, zwischen Frischhaltefolien legen und so flach wie möglich drücken oder mit Hilfe eines Nudelholzes rollen. Feigen in den Tiefkühler geben.

Folie von den Feigen ziehen, Feigen auf Teller legen, mit Zucker, Zitronensaft, und eventuell Grand Marnier bestreuen bzw. beträufeln. Mousse mit einem warmen Löffel nockerlförmig ausstechen, zum Carpaccio geben, mit Kaffeekeksen garnieren und mit Minze dekorieren. Eventuell auch in Spalten geschnittene Feigen und/oder ein wenig gemahlenen Kaffee auf die Teller geben.

Schokolade-Passionsfrucht-Parfait mit Beeren

Passionsfrucht Diese exotische Frucht stammt ursprünglich aus Südamerika und hat eine ledrige, violette Haut. Reife Früchte sind an einer leicht runzeligen Haut erkennbar. Für den Genuss werden die Früchte durchgeschnitten und die Kerne mit dem Saft aus den Schalen geschabt oder gelöffelt. Passionsfrucht hat die schöne Eigenschaft, das Aroma anderer Früchte noch besser zur Geltung zu bringen, weshalb sie in Fruchtsalaten eine besonders angenehme Wirkung entfaltet.

Zutaten für eine Tortenform mit 20 cm Durchmesser oder 6 kleine Formen

150 g Rohmarzipan
2 Eier
100 g Feinkristallzucker
30 g Schokolade*
(ca. 65 % Kakaogehalt)
300 ml Schlagobers (Sahne)
4 Passionsfrüchte
800 g Beeren

** Falls man die Parfaits wie für das Foto rechts in kleine Formen füllt, benötigt man um ca. 50 g mehr Schokolade.*

Marzipan ausrollen und in eine Tarteform legen. Bei Verwendung von Portionsförmchen Marzipanscheiben ausstechen, die auf die Förmchen passen. Ein Ei mit der Hälfte des Zuckers über Dampf cremig und voluminös aufschlagen, Schüssel vom Dampf nehmen und die Masse so lang weiterschlagen, bis sie abgekühlt ist.

Schokolade über Dampf schmelzen. Obers steif schlagen. Die Hälfte des Obers und die Schokolade in die Eimasse rühren. Masse in die Form geben und tiefkühlen. Bei Verwendung von Portionsförmchen werden diese zuvor mit geschmolzener Schokolade ausgestrichen und erst befüllt, wenn die Schokolade fest geworden ist.

Zweites Ei mit dem Saft der Passionsfrüchte und dem restlichen Zucker wie zuvor beschrieben warm und kalt schlagen. Restliches Obers unterheben. Masse auf das gefrorene Schokoladeparfait gießen. Bei Verwendung von Portionsförmchen, Parfait mit Marzipan abdecken. Parfait erneut kühlen, bis auch die zweite Masse gefroren ist.

Parfait auf Teller geben, mit Beeren und den Kernen der Passionsfrüchte garnieren.

Törtchen von zweierlei Nougat mit Rosenblütenmarillen

Zutaten für ca. 15 Törtchen

100 ml Wasser
200 g Feinkristallzucker
6 ungespritzte, stark duftende Rosen
500 g Marillen (Aprikosen)
4 Blatt Gelatine
400 g Schlagobers (Sahne)
100 g Mandelnougat
100 g Haselnussnougat
30 g Milchschokolade

Böden

4 Eier
110 g Feinkristallzucker
110 g glattes Weizenmehl

Wasser mit 100 g Feinkristallzucker aufkochen und abkühlen lassen. Blätter von den Rosenblüten zupfen, in Zuckerwasser legen, mit Frischhaltefolie abdecken, in den Kühlschrank stellen und zwei Tage marinieren lassen.

Für die Törtchenböden Eier mit Zucker über Dampf gut cremig und voluminös aufschlagen. Mehl behutsam einrühren. Masse auf ein mit Backpapier belegtes Blech streichen und im vorgeheizten Backofen bei 200 °C ca. 10 Minuten backen. Biskuit auf eine mit Mehl bestreute Fläche stürzen, Papier abziehen, Biskuit auskühlen lassen.

Marillen kurz in kochendes Wasser legen, eiskalt abschrecken und schälen. Marillen halbieren und entkernen.

Zuckerwasser der Rosenblütenblätter durch ein Sieb gießen, mit den Marillen in einen Topf geben und die Marillen weich dünsten. Marillen im Sirup auskühlen lassen.

Gelatine in kaltem Wasser einweichen. Obers mit Zucker steif schlagen. Mandelnougat über Dampf schmelzen, zwei Blätter Gelatine ausdrücken und im Nougat auflösen. Die Hälfte des geschlagenen Obers unterheben.

Haselnussnougat und Schokolade über Wasserdampf schmelzen, restliche Gelatine ausdrücken und darin auflösen. Restliches Schlagobers unterheben.

Mit Ringen von ca. 5 cm Durchmesser aus dem Biskuit Böden ausstechen. Ringe auf die Törtchenböden stellen. Die Hälfte der Mandelnougatmasse in die Ringe füllen, Marillenhälften auf den Nougat setzen, mit Haselnussnougatmasse auffüllen. Törtchen mindestens 5 Stunden kühlen.

Törtchen mit Hilfe eines im heißen Wasser gewärmten Messers von den Ringen lösen, Ringe abziehen. Törtchen eventuell mit Rosenblütenblättern dekorieren. Als Garnitur passen Orangenfilets oder andere tropische Früchte.

Mandel- bzw. Haselnussnougat Auch wenn beide Sorten das Wort „Nougat" verbindet, so sind sie doch sehr unterschiedlich. Mandelnougat oder weißes Nougat besteht aus Zucker, Honig, Eischnee und verschiedenen weiteren Zutaten (u. a. geriebenen Mandeln). Dunkler Nougat hingegen beinhaltet, neben Zucker, geröstete Nüsse (z. B. Haselnüsse) und Kakao. Die Heimat des dunklen Nougats ist die Region von Turin, wo es auch Gianduja genannt wird.

Kardamom-Panna-cotta mit gesulztem Fruchtsalat

Zutaten für 6 Portionen

2 1/2 Blatt Gelatine
2 g Kardamomkörner
500 ml Schlagobers (Sahne)
100 g Feinkristallzucker

Fruchtsalat

1 Apfel
1 Banane
100 g Erdbeeren
100 g Himbeeren
1 Orange

Marinade

3 Blatt Gelatine
500 ml Wasser
50 g Feinkristallzucker
½ Vanilleschote

Für den Fruchtsalat Apfel schälen, entkernen und in kleine Würfel schneiden. Banane schälen und blättrig schneiden. Erdbeeren putzen und je nach Größe halbieren oder vierteln. Himbeeren waschen. Orange so schälen, dass auch die weiße Innenhaut vom Fruchtfleisch entfernt wird. Orangenspalten zwischen den Trennhäuten herausschneiden und in mundgerechte Stücke schneiden.

Für die Fruchtsalat-Marinade Gelatine in kaltem Wasser einweichen. Wasser mit Kristallzucker und der Hälfte einer der Länge nach halbierten Vanilleschote aufkochen. Vanilleschote aus dem Zuckerwasser nehmen, das Mark der Schote auskratzen und in das Zuckerwasser einrühren. Gelatine ausdrücken und im warmen Zuckerwasser auflösen. Marinade auf Zimmertemperatur abkühlen lassen.

Für die Panna cotta Gelatine in kaltem Wasser einweichen. Kardamomkörner reiben oder in einem Mörser zerdrücken. Obers mit Kardamom und Zucker aufkochen. Gelatine ausdrücken und im Obers auflösen.

Die Hälfte der Panna-cotta-Masse in Gläser füllen und kühlen, bis die Masse fest ist.

Zwei Drittel der Früchte in die Gläser geben, behutsam mit Marinade begießen und kühlen, bis die Marinade angezogen hat.

Restliche Panna cotta auf den Fruchtsalat geben. Erneut kühlen. Panna cotta mit den restlichen Früchten garnieren.

Kardamom Dieses ursprünglich aus Indien stammende Gewürz zeichnet sich durch sein fein-würziges Aroma und eine leichte, etwas süßliche Schärfe aus. Die Kapsel der Kardamompflanze wird getrocknet und gemahlen. Kardamompulver wird sehr gern für Gerichte der asiatischen und arabischen Küche verwendet, in letzterer auch zum Würzen von Kaffee. In der europäischen Küche wird Kardamom hauptsächlich als würziger Zusatz für Weihnachtsgebäck und Lebkuchen eingesetzt.

Pfirsich-Crème-brûlée auf bretonischem Mürbteig

Zutaten für 6 Portionen

2 Blatt Gelatine
680 ml Schlagobers (Sahne)
170 ml Milch
130 g Feinkristallzucker
1 Vanilleschote
220 g Eidotter (Eigelb)
Feinkristallzucker für das Bestreuen

Bretonischer Mürbteig*

110 g Butter
110 g Staubzucker (Puderzucker)
1 TL Vanillezucker
½ TL Backpulver
Salz
4 große Eidotter (Eigelb; 100 g)
300 g glattes Weizenmehl

Pfirsichcreme und -Kompott

6 reife Pfirsiche
100 ml Orangensaft
90 g Feinkristallzucker
1 kleine Zimtstange
2 Blatt Gelatine
2 EL Pfirsich- oder Orangenlikör
100 g Topfen (Quark; 20 % F.i.T.)
50 g Eiklar (Eiweiß)

** Ergibt ca. die doppelte Menge des hier benötigten Teiges. Der Rest lässt sich gekühlt oder tiefgekühlt gut lagern.*

Die Crème brûlée am besten schon am Tag vor dem Servieren vorbereiten: Gelatine in kaltem Wasser einweichen. Obers, Milch und Zucker mit einer der Länge nach aufgeschnittenen Vanilleschote aufkochen. Ein wenig abkühlen lassen, Dotter einrühren und die Masse unter ständigem Rühren allmählich erhitzen, bis der Löffel Spuren hinterlässt. Crème nicht mehr erhitzen. Gelatine ausdrücken und in der Crème auflösen. Crème durch ein feines Sieb in eine ca. 15 x 20 cm große Form streichen, in den vorgeheizten Backofen schieben und bei 90 °C ca. 60 Minuten garen.

Für den Mürbteig zimmerwarme Butter mit Staubzucker, Vanillezucker, Backpulver und einer Prise Salz cremig rühren. Eidotter und Mehl nach und nach einarbeiten. Teig in Frischhaltefolie einschlagen und ca. 1 Stunde kühlen.

Für die Pfirsichcreme und das Kompott Pfirsiche kurz in kochendes Wasser legen, abschrecken und die Schale abziehen. Pfirsiche entkernen. Das Fruchtfleisch von zwei Pfirsichen pürieren (ergibt Pfirsichmark). Restliche Pfirsiche in Spalten schneiden. Orangensaft mit 50 g Zucker und Zimt aufkochen, Saft vom Herd nehmen, Pfirsichspalten einlegen und im Saft ziehen lassen.

Etwa die Hälfte des Teiges zwischen Backpapier zu einem Rechteck von ca. 16 x 21 cm ausrollen. Teig bei 160 °C goldbraun backen (dauert ca. 12 Minuten).

Für die Creme Gelatine in kaltem Wasser einweichen. Likör wärmen, Gelatine ausdrücken, im Likör auflösen und mit dem Pfirsichmark verrühren. Pfirsichmark mit Topfen glattrühren. Eiklar mit dem restlichen Zucker zu Schnee schlagen. Schnee behutsam unter die Topfenmasse heben. Masse auf den ausgekühlten Mürbteig streichen und mit Frischhaltefolie bedeckt im Kühlschrank ca. 2 Stunden rasten lassen.

Crème Brûlée aus der Form stürzen und auf die Pfirsichcreme setzen. Mit einem scharfen Messer portionieren, auf Teller geben, mit Kristallzucker gleichmäßig und dünn bestreuen und mit einem „Gourmetbrenner" (erhältlich im Küchenbedarf und via Internet) oder einer Lötlampe flämmen. Crème Brûlée mit Pfirsichkompott garnieren.

Zimt Dieses fernöstliche Gewürz ist in unseren Breiten aus keiner Backstube wegzudenken. Es wird aus der Rinde des Zimtbaumes gewonnen und ist im Handel entweder pulversiert oder in Stangenform erhältlich. In der indischen Küche wird Zimt aber auch bei Fleischgerichten verwendet und die Chinesen aromatisieren damit verschiedene Sorten Tee.

Sternanis-Cremeschnitte mit Brombeeren

Sternanis Die Frucht eines immergrünen Baumes, des Echten Sternanis, wächst in den Tropen. Auch wenn der Duft des Sternanis unserem Anis sehr ähnlich ist, so unterscheidet er sich im Geschmack doch wesentlich, da er voller, voluminöser und feuriger ist. Verwendung findet Sternanis ebenso wie Anis in allerlei Backwaren und heißen Aufgussgetränken, er ist aber auch ein Grundgewürz der chinesischen Küche, in der er Bestandteil des verbreiteten Fünf-Gewürze-Pulvers ist.

Zutaten für 4–6 Portionen

40 g Butter
140 g Staubzucker
60 g Mascarpone
60 g Honig
100 g geriebene Mandeln

Aniscreme

2 Blatt Gelatine
300 ml Schlagobers (Sahne)
3 Stk. Sternanis
150 g Mascarpone
100 g Feinkristallzucker
½ TL Vanillezucker
Saft einer halben Zitrone
2 EL Zitronen- oder Orangenlikör
300 g Brombeeren

Für die Hippenmasse Butter schmelzen, mit den restlichen Zutaten zu einer glatten Masse verrühren und ca. 1 Stunde kühlen.

Masse in einen Dressiersack mit glatter Tülle (Durchmesser ca. 1 cm) füllen. Auf ein mit Backpapier belegtes Blech Streifen von ca. 8 cm Länge spritzen (die Röllchen nicht zu eng aneinandersetzen, da die Masse beim Backen zerläuft). Blech in den vorgeheizten Backofen schieben und bei 190 °C goldbraune Hippen backen (dauert ca. 7 Minuten). Hippen abkühlen lassen und in gleichmäßige Formen schneiden oder stechen (z. B. mit Hilfe einer Palette).

Für die Creme Gelatine in kaltem Wasser einweichen. Obers mit Sternanis aufkochen, kühlen, Anis entfernen und das Obers cremig aufschlagen. Mascarpone mit Kristallzucker, Vanillezucker und Zitronensaft verrühren. Likör wärmen, Gelatine ausdrücken, im Likör auflösen und in die Mascarponemasse rühren. Obers unterheben und die Masse im Kühlschrank anziehen lassen.

Aniscreme in einen Dressiersack mit glatter Tülle (Durchmesser ca. 1 cm) füllen. Auf jeden Teller eine Hippe legen. Creme auftragen, Brombeeren daraufsetzen, darauf wieder Creme spritzen und mit einem zweiten Hippenblatt abdecken. Die restlichen Brombeeren in einer Pfanne mit Zucker leicht karamellisieren und als Garnitur auf die Teller geben. Als weitere Beilage passt Brombeergelee und als Dekoration karamellisierter Zucker.

Mohnschnitte mit Lavendelkirschen

Zutaten für ein Blech
von 50 x 40 cm

250 g Butter
50 g Staubzucker (Puderzucker)
½ TL Vanillezucker
1 Prise Salz
1 Prise Zimt
5 Eier
150 g Feinkristallzucker
250 g gequetschter Mohn
200 g geriebene Walnüsse

Kirschmousse

4 Blatt Gelatine
250 g Schlagobers (Sahne)
200 g Kirschen
Saft einer Zitrone
250 g Joghurt (3,6 % Fettgehalt)
100 g Feinkristallzucker

Lavendelkirschen

500 g Kirschen
75 g Feinkristallzucker
12 g Lavendelblüten
125 ml Wasser
125 ml Rotwein

Butter mit Staubzucker, Vanillezucker und je einer Prise Salz und Zimt cremig rühren. Eier in Dotter und Klar trennen. Dotter nach und nach in die Butter einarbeiten.

Eiklar mit dem Kristallzucker zu einem cremigen Schnee schlagen. Schnee behutsam unter den Butterabtrieb ziehen. Mohn und Walnüsse ebenso behutsam unterheben. Masse auf ein mit Backpapier belegtes Blech streichen, in den vorgeheizten Backofen schieben und bei 180 °C ca. 40 Minuten backen. Diesen Boden der Schnitte auskühlen lassen.

Für das Mousse Gelatine in kaltem Wasser einweichen. Obers steif schlagen. Kirschen entkernen und mit Zitronensaft pürieren. Ein wenig davon wärmen, Gelatine ausdrücken und darin auflösen. Gelatine mit Kirschmark, Joghurt und Zucker verrühren, Obers unterheben. Kirschmousse auf den Schnittenboden streichen und kühlen.

Für die Lavendelkirschen Kirschen halbieren und entkernen. Zucker mit ein wenig Wasser in eine Pfanne geben und erhitzen, bis der Zucker eine leichte Braunfärbung zeigt. Lavendelblüten dazugeben und alles mit Wasser und Rotwein ablöschen. Kirschen in diesem Fond weich dünsten und darin auskühlen lassen.

Lavendelkirschen aus dem Fond heben, abtropfen lassen und gefällig auf die Schnitte setzen. Schnitte portionieren und eventuell mit Lavendel dekorieren. Dazu passt auch gut Lavendelhonig, den man mit ein wenig Kakaopulver mischt und dick einkocht.

Anmerkung: Noch attraktiver wird die Schnitte, wenn man den Boden in Portionsgrößen zuschneidet, darauf mit Hilfe einer Palette das Kirschmousse aufträgt, die Portionsstücke kühlt und kurz vor dem Servieren mit Lavendelkirschen ausgarniert.

Eier Kaum ein anderes Lebensmittel ist so strengen Produktionskriterien unterworfen und steht so oft im Fokus wie das Hühnerei. Abgesehen von der Haltung der Hühner, die für die Qualität von entscheidender Bedeutung ist, stellt sich oft die Frage nach der Frische von Eiern. Die lässt sich jedoch leicht überprüfen: Ei in ein Glas mit Wasser legen – frische Eier sinken, alte Eier bleiben an der Oberfläche. So simpel wie der Test ist auch die Erklärung des Phänomens: Mit fortschreitendem Alter wird die Eierschale poröser, Luft dringt in das Ei, das Ei wird leichter und schwimmt. Außerdem lässt sich der Frischegrad feststellen, wenn man das Ei aufschlägt: Bleibt der Dotter kugelig, ist es frisch, zerfließt der Dotter, ist es alt.

Veilchensoufflee medium mit Himbeeren und Sorbet

Kandierte Veilchen werden in der Patisserie sehr gerne zum Dekorieren von Süßspeisen eingesetzt und waren schon zu Kaisers Zeiten eine beliebte Nascherei. Für die Herstellung sind zwei Methoden gebräuchlich. Entweder werden die Veilchen kurz überbrüht, in Zuckersirup getaucht und zum Trocknen auf Backpapier aufgelegt, oder sie werden durch Eischnee gezogen, in Zucker gewälzt und abschließend im Backofen getrocknet.

Zutaten für 6–8 Portionen

125 g Schokolade
(ca. 65 % Kakaogehalt)
125 g Veilchenschokolade*
250 g Butter
5 Eier
5 Eidotter (Eigelb)
125 g Feinkristallzucker
50 g glattes Weizenmehl
kandierte Veilchen
Minze

Himbeersorbet

600 g Himbeeren
40 ml Wasser
40 g Feinkristallzucker
20 ml Himbeergeist (20 %)

** Im bestens sortierten Delikatessenhandel und in Schokolade-Fachgeschäften erhältlich*

Schokolade in Stücke brechen und gemeinsam mit der Butter über Dampf schmelzen. Eier, Eidotter und Kristallzucker mit der Schokolade-Butter-Mischung gut verrühren. Mehl behutsam unterheben. Souffleeförmchen mit Butter ausstreichen, mit Souffleemasse füllen und ca. 12 Stunden kühlen.

Für das Sorbet 200 g Himbeeren pürieren. Wasser und Kristallzucker zu einem Sirup kochen (ergibt Läuterzucker) und abkühlen lassen. Himbeerpüree und Himbeergeist mit dem Läuterzucker verrühren. Masse in einer Eismaschine zum Sorbet frieren. Sollte keine Eismaschine verfügbar sein, Masse in eine Schale oder flache Schüssel geben, im Tiefkühler anfrieren, mit einem Scheebesen aufrühren und erneut anfrieren. So oft frieren und rühren, bis sich eine durchgehend feinsplittrige Masse (ein Granitée) ergeben hat.

Soufflees in den vorgeheizten Backofen schieben und bei 180 °C 10 bis 15 Minuten backen; die Soufflees sind ausreichend gebacken, wenn sie schön aufgegangen sind und nicht mehr feucht wirken.

Soufflees stürzen, mit Staubzucker bestreuen und mit kandierten Veilchen und Minze garnieren. Eventuell Himbeerpüree und aufgeschäumtes Joghurt als Garnitur geben. Das Sorbet auf ganzen Himbeeren in einer Schale servieren.

Mohr im Hemd

Zutaten für 6 Portionen

80 g Kochschokolade
80 g Butter
1 Msp. Vanillezucker
80 g Feinkristallzucker
5 Eier
80 g geriebene Walnüsse
20 g Semmelbrösel
Butter und Zucker für die Förmchen

Schokoladesauce

25 ml Wasser
25 g Feinkristallzucker
30 g Butter
120 g Schlagobers (Sahne)
200 g Schokolade (ca. 65 % Kakaogehalt)

Schokolade in Stücke schneiden oder brechen, über Dampf schmelzen und auf Körperwärme abkühlen lassen. Mit zimmerwarmer Butter, Vanillezucker und der Hälfte des Feinkristallzuckers cremig schlagen.

Eier in Dotter und Klar trennen. Dotter nach und nach in die Buttermasse einarbeiten. Eiklar mit dem restlichen Zucker zu Schnee schlagen und diesen abwechselnd mit den geriebenen Nüssen und Bröseln unter die Buttermasse heben.

Souffleeförmchen mit Butter ausstreichen und mit Zucker ausstreuen. Die Mohrenmasse zwei Drittel hoch in die Förmchen füllen. Förmchen in eine Wanne mit heißem Wasser stellen, alles in den vorgeheizten Backofen schieben und die Mohren bei 180 °C ca. 45 Minuten backen.

Für die Sauce Wasser mit Zucker und Butter aufkochen. Schokolade klein schneiden und darin auflösen. Schlagobers einrühren.

Mohren aus den Förmchen auf Teller stürzen und mit Schokoladesauce überziehen. Eventuell die Teller zur Dekoration mit gehackten Pistazien bestreuen. Dazu passt cremig geschlagenes Obers oder geeiste Kaffeeschokoladetarte wie unten rezeptiert.

Kochschokolade Früher war Koch- oder Haushaltsschokolade jene Schokolade, die besonders preisgünstig war. Verwendet wurde die mit einem geringen Kakaogehalt von ca. 30 % ausgestattete Schokolade gern zur Befriedigung der Naschlust und, wie es der Name nahe legt, zum Kochen bzw. Backen. Heute hat Kochschokolade einen höheren Kakaogehalt, aber – nicht zuletzt wegen der Verfügbarkeit von Kuvertüren und Fertigglasuren – eine geringere Verbreitung.

Geeiste Kaffeeschokolade-Tarte

Zutaten für eine Torte mit ca. 22 cm Durchmesser

150 g Marzipan
2 Eier
40 g Feinkristallzucker
1 TL Löskaffeepulver
50 g Kaffeeschokolade (ca. 60 % Kakaogehalt)
250 g Schlagobers (Sahne)

Marzipan dünn ausrollen und eine Tarteform damit auslegen. Eier mit Zucker und Löskaffee über Dampf gut cremig schlagen, Schüssel vom Herd nehmen und die Masse so lang weiterschlagen, bis sie wieder abgekühlt ist.

Obers steif schlagen. Schokolade über Dampf schmelzen und in die Eiermasse rühren. Obers unterheben.

Masse in die Form füllen und die Tarte ca. 3 Stunden kühlen. Mit Schokolade-Kaffeebohnen dekorieren.

Rohzucker entsteht wie anderer Zucker aus Rüben oder Zuckerrohr, die Zuckerkristalle werden jedoch nicht vollständig von dem anhaftenden Zuckersirup befreit. Daher kommt auch die charakteristische braune Farbe des Rohzuckers. Da er weder gebleicht noch raffiniert ist, enthält er auch noch wichtige Vitamine und Spurenelemente und wird daher für Vollwertrezepte gern verwendet.

Kokostarte mit Ananas

Kokosnuss Der Name täuscht, denn bei diesem Gewächs handelt es sich um keine Nuss, sondern um eine Steinfrucht. Ihr Fruchtfleisch kann zwar auch frisch verzehrt werden, es wird aber meistens getrocknet und dient so als Ausgangsprodukt für die Herstellung von Kokosöl, -fett und -raspeln. Eine in letzter Zeit bei uns durch die fernöstliche Küche populär gewordene Zutat ist die Kokosmilch. Dabei handelt es sich um Fruchtfleisch, das mit Wasser püriert und anschließend gefiltert wird.

Zutaten für eine Torte
mit 24–26 cm Durchmesser

3 Eier
200 g Staubzucker (Puderzucker)
90 ml Speiseöl
90 ml Wasser
80 g geriebene Haselnüsse
140 g Kokosette (Kokosflocken)
100 g kandierte Ananasringe
80 g glattes Weizenmehl
15 g Kakao
2 g Backpulver

TARTEBODEN

siehe Rezept Seite 192

Tarteboden wie auf Seite 192 beschrieben zubereiten und vorbacken.

Eier, Staubzucker, Öl, Wasser, Haselnüsse und 80 g Kokosette in einer Küchenmaschine bei mittlerer Geschwindigkeit ca. 3 Minuten kneten und rühren.

Ananas in ca. 1 cm große Würfel schneiden. Ananaswürfel, Mehl, Kakao, und Backpulver in die gerührte Masse einarbeiten. Masse auf den abgekühlten Mürbteig streichen. Tarte in den vorgeheizten Backofen schieben und bei 180 °C ca. 30 Minuten backen.

Tarte auskühlen lassen und mit dem restlichen Kokosette bestreuen.

Fencheltarte mit Orangensalat

Zutaten für 4 Portionen

100 g Feinkristallzucker
1 Fenchelknolle
Vanillezucker
Zimt
Zitronensaft
250 g Blätterteig

ORANGENSALAT

10 Orangen
50 g Honig

Für den Salat 6 Orangen so schälen, dass auch die weiße Innenhaut vom Fruchtfleisch entfernt wird. Orangenspalten zwischen den Trennhäuten herausschneiden (ergibt Filets). Restliche Orangen auspressen. Orangensaft mit Honig süßen, ein wenig einkochen, auskühlen lassen, Filets in den Saft legen und marinieren lassen.

Kristallzucker mit ein wenig Wasser in einer Pfanne bis zur leichten Braunfärbung erhitzen. Karamell in Souffleeförmchen träufeln. Fenchelknolle putzen, in ca. ½ cm starke Scheiben schneiden und die Förmchen damit auslegen. Mit Vanillezucker und Zimt bestreuen und mit ein wenig Zitronensaft beträufeln.

Blätterteig ausrollen und für die Förmchen passend ausstechen. In jedes Förmchen eine Blätterteigscheibe legen. Förmchen in den vorgeheizten Backofen schieben und den Teig bei 200 °C goldbraun backen (dauert ca. 15 Minuten).

Orangensalat auf Teller geben, Tartes stürzen, aus den Formen lösen und in die Mitte der Teller geben. Mit Orangensalat gefällig garnieren.

Honig Dass das „flüssige Gold der Natur“ von Bienen aus Pflanzennektar gewonnen wird, ist bekannt. Dass aber Bienen auch Honigtau sammeln und diesen zu Honig verarbeiten, ist weniger geläufig. Honigtau wiederum ist ein zuckerhaltiges Ausscheideprodukt von Insekten wie z. B. Rindenläusen. Honigsorten, die ihren Ursprung im Honigtau haben, sind in der Regel dunkler und im Geschmack etwas herber als Blütenhonig. Als bekannteste dieser besonderen Sorten kann der Waldhonig genannt werden.

Melangetarte mit Milchschaum

Instantkaffee Die Erfindung des Instantkaffees liegt zwar schon mehr als hundert Jahre zurück, bis er zum kommerziellen Erfolg wurde, sollten aber noch 40 Jahre vergehen. Das Motiv für seine Entwicklung war nicht etwa der Wunsch nach Zeitersparnis bei der Kaffeezubereitung, sondern der nach einem gut lagerfähigen Kaffeeprodukt. Prinzipiell gibt es zwei Verfahren zur Gewinnung, wobei als Ausgangsprodukt jeweils ein Kaffee-Extrakt aus Kaffee und Wasser verwendet wird. Beim Gefriertrocknen wird das Extrakt schockgefroren, gemahlen und mittels Vakuumtrocknung entwässert. Beim Sprühtrocknen wird das Extrakt mittels Düsen zerstäubt, mit heißer Luft bestrahlt und getrocknet, so dass Pulver übrig bleibt.

Zutaten für eine Torte
mit 24–28 cm Durchmesser

200 g Mascarpone
10 g Löskaffeepulver
10 g gemahlener Kaffee
4 Eier
40 g Staubzucker (Puderzucker)
120 g Feinkristallzucker

Tarteboden

siehe Rezept Seite 192

Milchschaum

1 Blatt Gelatine
150 ml Schlagobers (Sahne)
Vanillezucker
2 Eiklar (Eiweiß)
60 g Feinkristallzucker

Tarteboden wie auf Seite 192 beschrieben zubereiten und vorbacken.

Für die Fülle Eier in Dotter und Klar trennen. Mascarpone mit Löskaffee und Kaffeepulver, Dottern und Staubzucker aufschlagen. Eiklar mit Feinkristallzucker zu Schnee schlagen und behutsam unter die Mascarponemasse heben. Masse auf den vorgebackenen Mürbteig streichen. Tarte in den vorgeheizten Backofen schieben und bei 180 °C ca. 45 Minuten backen. Tarte kaltstellen.

Für den Milchschaum Gelatine in kaltem Wasser einweichen. Obers mit 1–2 TL Vanillezucker halbsteif schlagen (ca. 2 EL flüssiges Obers für das Schmelzen der Gelatine reservieren). Eiklar mit Kristallzucker zu einem steifen Schnee schlagen. Flüssiges Obers wärmen, Gelatine ausdrücken und im Obers auflösen. Gelatine und Schnee unter das Obers heben.

Obersmasse auf die kalte Tarte streichen. Tarte nochmals kühlen. Tarte aus der Form heben und portionieren. Eventuell mit Kaffeepulver, Schokolade-Kaffeebohnen und Schokoladeblättchen dekorieren bzw. bestreuen.

Tarte mit Rohrzucker und Bitterschokolade

Zutaten für eine Torte mit 24–26 cm Durchmesser

2 Eier
5 Eidotter (Eigelb)
100 g brauner Rohrzucker
250 g dunkle Schokolade
(ca. 77 % Kakaogehalt)
180 g Butter

TARTEBODEN
siehe Rezept Seite 192

Tarteboden wie auf Seite 192 beschrieben zubereiten und vorbacken.

Eier, Dotter und Rohrzucker über Dampf dickcremig aufschlagen. Schüssel vom Dampf nehmen und die Masse so lang weiterschlagen, bis sie auf Körpertemperatur abgekühlt ist.

Schokolade in Stücke schneiden oder brechen und über Dampf schmelzen. Kalte Butter in die Schokolade rühren, Masse glattrühren und unter die Eiermasse ziehen.

Ei-Schokolade-Masse auf den gebackenen Tarteboden streichen. Tarte in den vorgeheizten Backofen schieben und bei 180 °C backen, bis die Masse angezogen hat (dauert ca. 12 Minuten). Tarte abkühlen lassen und vor dem Servieren im Kühlschrank noch ca. 12 Stunden rasten lassen.

Tarte aus der Form lösen, portionieren und mit dunklen und hellen Schokoladespänen bestreut servieren. Als Garnitur passen Beeren.

Butter Bei der Butterherstellung wird zuerst der Rahm von der Milch abgeschöpft und dann geschlagen. Dabei öffnet sich die Hülle der Fettkügelchen, und das ausgetretene Fett verklumpt und verbindet sich zu einer kompakten Masse. Bemerkenswert: Man benötigt etwa 25 Liter Milch, um ein Kilo Butter herzustellen.

Soufflierte Topfentarte mit Preiselbeermarmelade

Zutaten für eine Tarteform
mit 24–26 cm Durchmesser

4 Eier
225 g Topfen (Quark; 20 % F.i.T.)
Saft und Schale einer
halben unbehandelten Zitrone
½ TL Vanillezucker
Salz
80 g Feinkristallzucker
30 g Maisstärke
Preiselbeermarmelade

Tarteboden

50 g glattes Weizenmehl
50 g Staubzucker
½ TL Vanillezucker
1 unbehandelte Zitrone
100 g kalte Butter
1 Eidotter (Eigelb)
Butter für die Form

Für den Boden Mehl, Zucker, Vanillezucker und geriebene Zitronenschale auf eine Arbeitsfläche geben, kalte Butter darauf setzen, Butter in kleine Stücke schneiden und rasch wie bei der Zubereitung von Streusel zwischen den Fingern oder den flachen Händen verreiben. Eidotter dazu geben und alles sehr flott zu einem homogenen Teig kneten (bei einer langsamen Verarbeitung der Zutaten kann die Butter schmelzen, wodurch der Teig sehr fest werden würde). Teig in Frischhaltefolie einschlagen und mindestens 30 Minuten im Kühlschrank ruhen lassen.

Eine Tarteform mit Butter ausstreichen. Teig ausrollen, in die Form breiten und mit einer Gabel mehrmals anstechen, damit er beim Backen keine Blasen wirft. Teig mit Backpapier oder Alufolie belegen, mit trockenen Hülsenfrüchten oder Bohnen belegen und im vorgeheizten Backofen bei 190 °C blind backen (dauert ca. 20 Minuten). Backpapier und Hülsenfrüchte oder Bohnen entfernen, Teig auskühlen lassen.

Für die Fülle Eier in Dotter und Klar trennen. Topfen mit Eidottern, Zitronensaft, fein geriebener Zitronenschale, Vanillezucker und einer Prise Salz glatt rühren. Eiklar mit Feinkristallzucker zu Schnee schlagen. Schnee und Maisstärke behutsam unter die Topfenmasse heben.

Teig mit Preiselbeermarmelade bestreichen. Topfenmasse darauf geben und glatt verstreichen. Tarte in den vorgeheizten Backofen schieben und bei 180 °C ca. 35 Minuten backen. Als Garnitur und Beilage passen Beeren und Vanilleeis.

Topfen Wie bei der Käseproduktion, so wird auch beim Topfen (Quark) die Milch mit Milchsäurebakterien zur Fermentation gebracht. Bei handwerklicher Produktion wird der Bruch von der Molke mittels Tüchern getrennt, maschinell erfolgt dies durch Zentrifugen. Eine besondere Stellung hat in der österreichischen und Wiener Küche der Bröseltopfen, der sich vom normalen Topfen unterscheidet: Er wurde mehr gepresst und ist daher trockener, eben bröselig. Unentbehrlich ist dieser Topfen beispielsweise bei der Zubereitung der unwiderstehlichen Kärntner Kasnudeln.

Veilchenschokolade-Tarte mit Himbeeren

Mehl Die unterschiedlichen Mehlsorten werden in Typen angegeben, wie z. B. W480. Diese Typisierung gibt den Ausmahlungsgrad des Mehles an. W480 ist ein Mehl mit niedrigem Ausmahlungsgrad, beinahe weiß und besitzt einen hohen Kleberanteil, der zum Backen notwendig ist. Je höher die Typisierung ist, umso mehr Schalenanteile sind im Mehl enthalten und umso dunkler ist seine Farbe. Vollkornmehl hat daher keine Typisierung.

Zutaten für eine Torte mit 24 cm Durchmesser

1 Ei
2 Eidotter (Eigelb)
30 g Feinkristallzucker
125 g Veilchenschokolade*
100 g Butter
Himbeermarmelade
300 g Himbeeren
evtl. Schokoladeflocken

Biskuitboden

3 Eier
85 g Feinkristallzucker
1 Msp. Vanillezucker
85 g glattes Weizenmehl
Butter für die Form

** Im bestens sortierten Lebensmittelhandel oder in Schokoladefachgeschäften erhältlich*

Für den Biskuitboden Eier mit Zucker und Vanillezucker cremig schlagen, Mehl nach und nach unterziehen. Masse in einen mit Butter ausgestrichenen Tortenreifen füllen und im vorgeheizten Backofen bei 200 °C ca. 10 Minuten backen.

Ei und Dotter mit Kristallzucker cremig schlagen. Veilchenschokolade in Stücke schneiden oder brechen und über Dampf schmelzen. Kalte Butter in die Schokolade rühren. Schokolade-Butter-Mischung mit der Eiermasse vermischen.

Biskuitboden mit Marmelade bestreichen und mit Himbeeren belegen. Schokolademasse darauf füllen und glattstreichen, im vorgeheizten Backofen bei 170 °C ca. 10 Minuten backen. Abkühlen lassen und vor dem Aufschneiden mindestens 4 Stunden kühlen.

Tarte aus der Form lösen. Rand eventuell mit Marmelade einstreichen und mit Schokoladeflocken bestreuen. Tarte mit Staubzucker bestreut und mit Beeren und/oder kandierten Veilchen und Pistazienkernen dekoriert servieren.

Topfen-Heidelbeer-Strudel mit Vanillesauce

Heidelbeere Dieses Beerenobst ist unter verschiedenen Synonymen bekannt und wird u. a. auch als Blaubeere, Waldbeere oder Schwarzbeere bezeichnet. Die Saison der Wildheidelbeere beginnt Anfang Juni und dauert bis etwa Ende August. Mund, Lippen und Zähne weisen nach dem Genuss eine bläuliche Färbung auf, was durch die farbgebenden Anthocyane hervorgerufen wird. Kulturheidelbeeren sind hingegen das ganze Jahr über erhältlich. Da hier die genannte Substanz nur in der Schale und nicht auch im Fruchtfleisch enthalten ist, muss man beim Verzehr nicht damit rechnen, blau zu werden.

Zutaten für 6–8 Portionen

250 g Butter
150 g Staubzucker (Puderzucker)
½ TL Vanillezucker
Salz
1 unbehandelte Zitrone
3 Eier
500 g Topfen (Quark; 20 % F.i.T.)
125 g Sauerrahm
1 Pkg. Strudelteig (4 Blätter)
300 g Heidelbeeren

Vanillesauce

1 Ei
2 Eidotter (Eigelb)
120 g Feinkristallzucker
500 g Milch
1 Vanilleschote

100 g Butter mit Zucker, Vanillezucker, einer Prise Salz und geriebener Zitronenschale cremig rühren. Nach und nach die Eier und den Topfen einrühren. Sauerrahm unterheben.

Restliche Butter schmelzen. Ein Blatt Strudelteig auf ein Küchentuch legen. Strudelteig mit geschmolzener Butter bestreichen, ein zweites Blatt Strudelteig darauf legen. Auf das obere Ende einen Teil der Topfenfülle auftragen, Ränder freilassen. Fülle mit Heidelbeeren bestreuen. Freie Teigflächen mit Butter bestreichen, die seitlichen Ränder über die Fülle einfalten, von oben beginnend einen Strudel rollen. Einen zweiten Strudel auf die selbe Art verfertigen. Strudel auf ein mit Backpapier belegtes Blech heben, mit Butter bestreichen und in den vorgeheizten Backofen schieben. Bei 200 °C ca. 50 Minuten backen.

Für die Sauce Ei, Eidotter und 80 g Kristallzucker verrühren. Milch, restlichen Zucker und das Mark der Vanilleschote aufkochen. Vanillemilch rasch in das Ei-Zucker-Gemisch einarbeiten und alles zu einer glatten Sauce rühren. Sauce unter ständigem Rühren nochmals erhitzen, aber nicht mehr zum Kochen bringen.

Strudel portionieren, mit Staubzucker bestreuen und mit Sauce servieren.

Zwetschken-Dinkel-Kuchen

Zutaten für eine Form
von 25 x 30 cm

250 g glattes Weizenmehl
250 g Dinkelmehl
42 g Germ (Hefe)
75 g Feinkristallzucker
250 ml Milch
50 g Butter
10 g Salz

FÜLLE UND BELAG
1 kg Zwetschken
6 Scheiben Zwieback oder
100 g Weißbrotbrösel
350 ml Schlagobers (Sahne)
150 g Feinkristallzucker
5 Eier
Zimtpulver
Vanillezucker

Für den Teig alle Zutaten verkneten. Teig zugedeckt ca. eine halbe Stunde rasten lassen.

Teig ausrollen. Eine Form mit Teig auslegen, dabei einen kleinen Rand hochziehen.

Zwetschken halbieren und entkernen. Zwieback über dem aufgerollten Teig zerbröseln oder die Brösel gleichmäßig daraufstreuen. Dicht mit Zwetschken belegen.

Obers mit Kristallzucker und Eiern am besten mit einem Stabmixer aufschlagen. Masse auf die Zwetschken gießen. Alles mit Zimt und Vanillezucker bestreuen. Kuchen in den vorgeheizten Backofen schieben und bei 200 °C ca. 40 Minuten backen.

Pflaumen treten in den unterschiedlichsten Größen, Formen und Farben auf, von schwarz-blau über violett bis rot, grün oder gar gelb. Die bei uns verbreitetste Variante ist die Zwetschke (Zwetschge), die roh gegessen wird, aber auch sehr häufig in der Backstube Verwendung findet. Außerdem ist sie auch Basis für die Herstellung von Slibowitz.

Ribiselschaumschnitte

Zutaten für ein Blech
mit 50 x 40 cm

300 g Butter
250 g Staubzucker (Puderzucker)
½ TL Vanillezucker
1 unbehandelte Zitrone
6 Eier
300 g glattes Weizenmehl

FÜLLE
4 Blatt Gelatine
1 ½ kg rote Ribiseln (Johannisbeeren)
600 g Feinkristallzucker
150 ml Wasser
100 g Maisstärke
200 g Eiklar (Eiweiß)

Butter mit Staubzucker, Vanillezucker und geriebener Zitronenschale cremig rühren. Eier nach und nach einrühren, Mehl behutsam unterheben. Masse auf ein mit Backpapier belegtes Blech streichen, in den vorgeheizten Backofen schieben und bei 190 °C ca. 25 Minuten backen. Abkühlen lassen.

Für die Fülle Gelatine in kaltem Wasser einweichen. Ribiseln rebeln und mit Zucker und der Hälfte des Wassers aufkochen. Maisstärke mit dem restlichen Wasser glatt rühren. Sobald die Ribiseln kochen, Maisstärke-Wasser-Gemisch einrühren und so lange köcheln, bis die Masse gebunden hat. Gelatine ausdrücken und in der Ribiselmasse auflösen.

Ribiselmasse auf den Teig streichen und kühlen. Wenn die Masse fest geworden ist, Ribiseln und Teigboden durchschneiden und die beiden Teile der Länge nach aneinandersetzen. Eiklar mit Zucker zu steifem Schnee schlagen und auf die Ribiseln streichen. Schnee mit einem Brenngerät (siehe Rezept Crème brûlée auf Seite 176) flämmen. Schnitte portionieren.

Johannisbeere Die nach der Reifezeit um den Tag des heiligen Johannes (24. Juni) benannte und in Österreich auch unter der Bezeichnung Ribisel bekannte Frucht gibt es in drei Farbvarianten: schwarz, rot und weiß, wobei letztere eine Zuchtform der roten Ribisel ist und sich durch einen weniger sauren Geschmack auszeichnet. Rote und weiße Ribisel sind auch zum rohen Verzehr geeignet, die schwarzen Johannisbeeren hingegen schmecken besser, wenn sie mit etwas Wasser und Zucker gekocht sind. Aus dieser aromakräftigen Sorte wird auch der bekannte und in der anspruchsvollen Küche fast unverzichtbare Likör „Crème de cassis“ hergestellt, der bei der Abrundung von Saucen und Chutneys wertvolle Dienste leistet.

Biskuitrouladen-Torte mit Kürbis-Apfel-Fülle

Zutaten für 6–8 Portionen

6 Eier
175 g Feinkristallzucker
½ TL Vanillezucker
Salz
175 g glattes Weizenmehl
Marillenmarmelade

Kürbis-Apfel-Fülle

400 g Muskatkürbis
200 g Äpfel
2 Eier
180 g Feinkristallzucker
½ TL Vanillezucker
Zimt (gemahlen)
200 g geriebene Mandeln
50 g glattes Weizenmehl
150 g geröstete Kürbiskerne
für die Garnitur

Eier mit Zucker, Vanillezucker und einer Prise Salz über Dampf gut cremig und voluminös schlagen. Mehl unterheben, Masse auf ein mit Backpapier belegtes Blech streichen, in den vorgeheizten Backofen schieben und bei 200 °C ca. 10 Minuten backen.

Biskuit auf eine mit Mehl bestreute Fläche stürzen, Backpapier ablösen (eventuell mit einem feuchten Tuch über das Papier streichen, dann lässt es sich leicht abziehen). Biskuit noch warm mit Marillenmarmelade bestreichen und einrollen. Biskuit nach dem Abkühlen kurz in den Tiefkühler geben.

Für die Fülle Kürbis und Äpfel schälen, entkernen und grob reiben. Eier mit Kristallzucker, Vanillezucker und einer Prise Zimt cremig schlagen. Mandeln, Mehl, Kürbis, Äpfel und Eier vermischen.

Roulade in dünne Scheiben schneiden. Einen Tortenreifen auf Backpapier stellen und den Boden und Rand mit Rouladenscheiben auskleiden. Fülle in die Mitte der Form geben und mit Rouladenscheiben abdecken. Torte in den vorgeheizten Backofen schieben und bei 190 °C ungefähr 45 Minuten backen. Torte auskühlen lassen.

Torte aus dem Reifen lösen. Oberseite mit erwärmter Marillenmarmelade bestreichen. Geröstete Kürbiskerne zur Dekoration an den Rand der Torte streuen. Eventuell die Torte auch mit hauchdünn geschnittenen und leicht getrockneten Apfelscheiben belegen.

Kürbiskerne aus dem Ölkürbis sind das Ausgangsprodukt für das vor allem in der Steiermark verbreitete Kürbiskernöl. Dafür werden die Kerne getrocknet, gemahlen und gepresst. Darüber hinaus erfreuen sich die Kerne auch als gesundes Knabbergebäck steigender Beliebtheit oder werden auf die unterschiedlichsten Arten verarbeitet, wie etwa zu Kürbiskerntorte oder Kürbiskernpesto.

Rhabarber-Birnen-Torte

Zutaten für eine Torte
mit 22 cm Durchmesser

500 g Rhabarber
250 g Birnen
150 g Feinkristallzucker
100 g Semmelbrösel
1 Ei
1 Prise Zimt
½ TL Vanillezucker
Marillenmarmelade
evtl. Tortengelee

BISKUITROULADE
siehe Rezept Seite 200

Biskuitroulade wie auf Seite 200 zubereiten und kühlen.

Rhabarber schälen, waschen und in kleine Stücke schneiden. Birnen schälen, entkernen und kleinwürfelig schneiden. Rhabarber und Birnen mit den restlichen Zutaten außer Marillenmarmelade und Tortengelee vermischen und eine halbe Stunde ziehen lassen.

Einen Tortenreifen auf Backpapier stellen. Roulade dünn aufschneiden und als Tortenboden in den Reifen legen sowie den Reifen damit rundum auslegen. Ein wenig von der Roulade zurückbehalten. Rhabarber-Birnen-Masse in den Tortenreifen füllen. Torte in den vorgeheizten Backofen schieben und bei 190 °C ca. 1 Stunde backen. Vor dem Auskühlen mit den restlichen Biskuitrouladenscheiben abdecken und stürzen.

Reifen von der Torte lösen. Torte mit Marillenmarmelade bestreichen und eventuell mit Tortengelee überziehen.

Birne Dass Birnen weit weniger populär sind als Äpfel, liegt zu einem guten Teil daran, dass sie wesentlich leichter verderben und höhere Ansprüche an die Lagerung stellen. Kulinarisch sind sie nicht weniger wertvoll als die Äpfel und bezüglich ihrer wohltuenden Wirkung zeichnen sie sich durch einen reichlichen Gehalt an Vitaminen und Mineralstoffen aus. Sogar cholesterinsenkende Wirkung wird den Birnen zugeschrieben.

Nusstorte mit Haselnussbaiser

Zutaten für eine Torte
mit 26 cm Durchmesser

120 g Eiklar (Eiweiß)
120 g Feinkristallzucker
120 g geriebene Haselnüsse
Walnusskerne
geschälte Haselnüsse

TORTENBODEN
4 Eier
120 g Feinkristallzucker
150 g geriebene Walnüsse
Butter für die Form

Für den Boden Eier mit Feinkristallzucker cremig schlagen. Nüsse behutsam unterheben. Masse in einen mit Butter ausgestrichenen Tortenreifen geben und im vorgeheizten Backofen bei 175 °C ca. 35 Minuten backen. Tortenboden vor der weiteren Verarbeitung abkühlen lassen.

Für die Fülle Eiklar zu einem halbfesten Schnee schlagen. Feinkristallzucker einrieseln lassen und dabei die Masse zu einem festen Schnee schlagen. Nüsse unterheben.

Fülle auf den Tortenboden streichen und mit halbierten Walnusskernen und Haselnüssen belegen. Im vorgeheizten Backofen bei 160 °C ca. 45 Minuten backen.

Tarte auskühlen lassen, aus dem Tortenreifen lösen und in Stücke schneiden.

Walnusskerne Die Bedeutung der Walnuss als Lebensmittel hat eine lange Tradition. Abgesehen von der Verwendung der ganzen oder gemahlenen Kerne für die Zubereitung von Süßspeisen und Konfekt, wird daraus beispielsweise auch wertvolles Walnussöl und schmackhafter Walnusslikör gewonnen. Walnüsse besitzen einen hohen Anteil an Omega-3-Fettsäuren, die freie Radikale im Körper binden und das Herzinfarktrisiko mindern können.

Kaiserbuchteln mit Hagebutteneis

Zutaten für 8–10 Portionen

250 ml Milch
21 g Germ (Hefe)
60 g Feinkristallzucker
500 g glattes Weizenmehl
200 g Butter
2 Eidotter (Eigelb; 60 g)
10 g Salz
Schale einer unbehandelten Zitrone
20 ml Rum (38 %)
½ TL Vanillezucker
120 g grob geriebene Haselnüsse

Hagebutteneis

50 ml Wasser
100 g Feinkristallzucker
125 g Topfen (Quark; 20 % F.i.T.)
65 ml Milch
65 g Sauerrahm
50 ml Wasser
200 g Hagebuttenmarmelade
Saft einer Zitrone

Vor der Zubereitung des Buchtelteigs alle Zutaten auf Zimmertemperatur bringen. Milch leicht wärmen (maximal 40 °C) und mit Germ, einer Prise Zucker und so viel Mehl vermischen, dass eine breiige Masse entsteht (das sogenannte Dampfl oder auch der Vorteig). Dampfl zugedeckt an einem warmen Ort aufgehen lassen, bis sich an der Oberfläche Risse zeigen (dauert bei frischer Germ ca. 15 Minuten).

Dampfl mit 60 g Butter und den restlichen Zutaten (ausgenommen die Nüsse) zu einem Teig verkneten. Teig zudekken und an einem warmen Ort aufgehen lassen.

Restliche Butter schmelzen. Eine Backform mit Butter ausstreichen. Teig nochmals kurz kneten und ca. 2 cm dick ausrollen. Aus dem Teig Scheiben mit ca. 6 cm Durchmesser ausstechen, in geschmolzener Butter wenden und dicht aneinander in die Form legen. Zugedeckt an einem warmen Ort ca. 20 Minuten gehen lassen. Buchteln mit flüssiger Butter bestreichen, in den vorgeheizten Backofen schieben und bei 185 °C goldbraun backen (dauert ca. 20 Minuten). Kurz vor Ende der Backzeit mit Nüssen bestreuen und eventuell nochmals mit Butter bestreichen.

Für das Eis Wasser mit 50 g Zucker aufkochen, bis der Zucker geschmolzen ist (ergibt Läuterzucker). Läuterzucker abkühlen lassen. Alle Zutaten verrühren und in einer Eismaschine frieren. Sollte keine Eismaschine verfügbar sein, Masse in eine Schale oder flache Schüssel geben, im Tiefkühler anfrieren, mit einem Scheebesen aufrühren und erneut anfrieren. So oft frieren und rühren, bis sich eine durchgehend feinsplittrige Masse (ein Granitée) ergeben hat.

Buchteln mit Staubzucker bestreut und mit Eis als Beilage servieren.

Germ Ein unverzichtbares Treibmittel für Teige aus Weizenmehl, dessen Herkunft auf die Bierhefe zurückgeht. Um eine gute Treibkraft zu entwickeln, benötigt Germ (Hefe) Wasser, Mehlstärke und angenehme Wärme. Direkten Salzkontakt sowie Fettzusätze mögen die Pilze in der Germ nicht. Germ sollte kühl gelagert werden. Sie verträgt sogar Tiefkühltemperaturen, sollte aber langsam aufgetaut werden.

Lebkuchengewürz-Brownies mit Aranzini und Cranberries

Cranberries Auch wenn diese Beerenfrucht in Europa heimisch ist, so hat sie in Nordamerika einen ganz anderen Bekanntheitsgrad als bei uns und ist dort fester Bestandteil des jährlichen Thanksgiving-Festmahles. Cranberries enthalten sehr viel Vitamin C und D und sind arm an Kalorien, müssen aber auch gesüßt werden, um kulinarisch Freude zu bereiten. Cranberries enthalten sehr viele Antioxidantien, wodurch sie auch aus ernährungsphysiologischen Gründen populär geworden sind.

Zutaten für ca 50 Stück

300 g Butter
600 g Staubzucker (Puderzucker)
80 g Honig
½ TL Vanillezucker
1 Prise Lebkuchengewürz
1 unbehandelte Zitrone
1 unbehandelte Orange
4 Eier
120 g Aranzini (kandierte Orangenschalen)
50 g Cranberries
500 g glattes Weizenmehl
100 g geriebene Mandeln
80 g Mandelstifte
50 g Kakao

Zimmerwarme Butter mit Staubzucker, Honig, Vanillezucker, Lebkuchengewürz und geriebenen Schalen von Zitrone und Orange (jeweils von ca. der halben Frucht) gut cremig schlagen. Eier nach und nach einarbeiten.

Aranzini und Cranberries hacken. Mehl mit Mandeln, Kakao, Aranzini und Cranberries vermischen. Diese Masse unter den Butterabtrieb heben.

Masse ca. 2 cm hoch auf ein mit Backpapier belegtes Blech streichen, in den vorgeheizten Backofen schieben und bei 175 °C backen (dauert ca. 35 Minuten).

Masse auf dem Blech auskühlen lassen. Masse in Würfel schneiden und mit Zucker bestreut servieren. Als Beilage passen kandierte Orangenscheiben.

Anmerkung: Diese Brownies sind in einer verschlossenen Dose im Kühlschrank bis zu 4 Wochen haltbar.

Nussgugelhupf mit Amarenakirschen und Schokoladespänen

Amarenakirschen reifen nicht etwa wie Herzkirschen oder Weißkirschen auf Bäumen, sondern entstehen in der Küche. Man nehme Kirschen und koche sie mit Zucker, aromatisiere mit Mandelaroma und Zitronensaft und warte, bis die Kirschen gut mariniert sind. Natürlich kann man Amarenakirschen im guten Delikatessenhandel auch fertig kaufen, und zwar vorzugsweise zum Zweck der Dekoration und aromatischen Bereicherung von Desserts.

Zutaten für eine Form mit ca. 20 cm Durchmesser

120 g Butter
1 EL Rum (38 %)
1 Prise gemahlener Zimt
2 TL Vanillezucker
120 g Feinkristallzucker
7 Eidotter (Eigelb)
100 g Amarenakirschen
200 g geriebene Walnüsse
80 g Semmelbrösel
3 Eiklar (Eiweiß)
Butter und Staubzucker für die Form
Schokoladespäne

Zimmerwarme Butter mit Rum, Zimt, Vanillezucker und 50 g Feinkristallzucker cremig schlagen, Dotter nach und nach einarbeiten.

Amarenakirschen gut abtropfen lassen und klein schneiden. Nüsse mit Bröseln vermischen. Eiklar mit dem restlichen Zucker zu einem festen Schnee schlagen. Abwechselnd Nuss-Brösel-Mischung, Kirschen und Schnee unter die Buttermasse heben.

Eine Gugelhupfform mit Butter ausstreichen und mit Zucker ausstreuen. Masse in die Form füllen, Form in eine Wanne mit heißem Wasser stellen, in den vorgeheizten Backofen schieben und den Gugelhupf bei 180 °C ca. 45 Minuten backen.

Guglhupf in der Form ca. 15 Minuten abkühlen lassen, stürzen und mit Schokoladespänen bestreuen.

Salate und Aufstriche

Aufstriche

Zutaten für 6 Portionen

Sardellenaufstrich

1 rote Zwiebel
2 Essiggurkerl
50 g Anchovis
250 g Gervais
1 TL Sardellenpaste
Salz
Pfeffer
Kümmel (gemahlen)

Zwiebel schälen und fein hacken. Gurkerl fein hacken. Anchovis klein schneiden. Gervais, Anchovis, Gurkerl, Sardellenpaste und Zwiebel verrühren, mit Salz, Pfeffer und Kümmel abschmecken.

Liptauer

2 Zwiebeln
200 g Brimsen
200 g Gervais
1 TL Sardellenpaste
1 TL Estragonsenf
Kümmel
Paprikapulver
Salz
Pfeffer

Zwiebeln schälen und fein hacken. Zwiebeln mit den restlichen Zutaten verrühren und würzig abschmecken.

Lauchaufstrich

1–2 Stangen Lauch (ca. 200 g)
200 g Gervais
Salz
Pfeffer
Kümmel (gemahlen)

Vom Lauch die dunkelgrünen Blattenden und den Wurzelansatz wegschneiden. Lauch der Länge nach aufschneiden und in feine Streifen schneiden. Lauch in Salzwasser überkochen, abseihen, abschrecken und ausdrücken. Lauch mit den restlichen Zutaten verrühren.

Eiaufstrich

8 Eier
1 rote Zwiebel
2 Essiggurkerl
1 Bund Schnittlauch
1 TL Sardellenpaste
200 g Mayonnaise
Salz
Pfeffer

Eier hartkochen, schälen unnd würfelig schneiden. Zwiebel schälen und feinwürfelig schneiden. Essiggurkerl klein hacken. Schnittlauch fein schneiden. Alle Zutaten vermischen.

Salate

Zutaten für 6 Portionen

Brokkoli-Schinken-Salat

250 g Brokkoli
100 g Schinken
100 g Sauerrahm
150 g Mayonnaise
Salz, Pfeffer
Kümmel, Knoblauch

Brokkoli in kleine Röschen schneiden und in Salzwasser bissfest kochen. Brokkoli eiskalt abschrecken und gut abtropfen lassen. Schinken in Streifen schneiden und mit Brokkoli, Sauerrahm und Mayonnaise verrühren. Mit Salz, Pfeffer, Kümmel und gepresstem Knoblauch abschmecken.

Pennesalat mit Pesto

200 g Penne
50 g Stangensellerie
50 g Kirschtomaten
50 g eingelegte Paprika
Petersilie
1 TL Pesto
3 EL Mayonnaise
3 EL Sauerrahm
Salz, Pfeffer

Penne in Salzwasser bissfest kochen, abseihen, abschrecken und abtropfen lassen.

Sellerie putzen, waschen und in Streifen schneiden. Tomaten waschen und vierteln. Paprika in Würfel schneiden. Petersilienblättchen fein hacken (man benötigt davon ca. 1 TL voll). Alles mit Pesto, Mayonnaise und Sauerrahm vermischen und mit Salz und Pfeffer abschmecken.

Shrimpscocktail

2 Eier
3 säuerliche Äpfel
300 g eingelegte Shrimps
60 ml Cocktailsauce
Salz, Pfeffer
Zitronensaft

Eier hartkochen, schälen und würfelig schneiden. Äpfel schälen, entkernen und würfelig schneiden. Shrimps abspülen und abtropfen lassen.

Apfel- und Eierwürfel mit Shrimps und Cocktailsauce vermischen, mit Salz, Pfeffer und Zitronensaft abschmecken.

Farfalle-Prosciutto-Salat

200 g Farfalle
50 g Rohschinken
50 g getrocknete Tomaten
je 1 gelber, roter und grüner Paprika
50 g eingelegte Zwiebeln
Petersilie
1 TL Pesto
Balsamicoessig
Salz, Pfeffer, Knoblauch

Farfalle in Salzwasser bissfest kochen, abseihen, kalt abschrecken und abtropfen lassen.

Paprika putzen, waschen und würfelig schneiden. Rohschinken in Streifen schneiden. Tomaten und Zwiebeln klein schneiden. Alle Zutaten vermischen und mit Balsamicoessig, Salz, Pfeffer und gepresstem Knoblauch abschmecken.

Salate

Zutaten für 6 Portionen

Vitellosalat

2 Eier
1–2 kleine Paprika
(am besten gelb und rot)
1 Zwiebel
Petersilie
250 g gebratener Kalbsrücken
Salz
Pfeffer
Knoblauch

Sauce

70 g Thunfisch (in Öl
eingelegt, aus der Dose)
3 Sardellenfilets
1 Eidotter
2 TL Essigkapern
Olivenöl
Zitronensaft
Salz
Cayennepfeffer

Für die Sauce Thunfisch mit Wasser abspülen und gut abtropfen lassen. Mit Sardellenfilets, Eidotter und Kapern pürieren. So viel Olivenöl einarbeiten, dass eine sämige Sauce entsteht. Mit Zitronensaft, Salz und Cayennepfeffer abschmecken.

Eier hartkochen, schälen und hacken. Paprika putzen, waschen und würfelig schneiden. Zwiebel schälen und fein hacken. Petersilienblättchen hacken (man benötigt davon ca. 1 TL voll).

Kalbsrücken in Streifen schneiden, mit Eiern, Paprika, Zwiebel, Petersilie und Vitellosauce vermischen. Mit Salz, Pfeffer und gepresstem Knoblauch abschmecken.

Meeresfrüchtesalat

400 g eingelegte Meeresfrüchte
1 dünne Stange Lauch
1 roter Paprika
Dille und weitere
Kräuter der Saison
Estragonessig
Olivenöl
Salz
Pfeffer
Knoblauch

Meeresfrüchte abseihen, kurz abwaschen und gut abtropfen lassen.

Lauch putzen, der Länge nach aufschneiden, gut waschen und in breite Ringe schneiden. Lauch in Salzwasser überkochen und gut abtropfen lassen. Paprika putzen, waschen, in Streifen schneiden und in Olivenöl weich schmoren.

Kräuter hacken (man benötigt davon ca. 1 EL voll). Meeresfrüchte mit Gemüse und Kräutern vermischen und mit Essig, Öl, Salz, Pfeffer, und gepresstem Knoblauch abschmecken.

MILCHKANNCHEN
TEEKANNE
Macadamia Nüsse in Schokolade
Wiener Mandeln gemischt
Rahm-Karamellen